選択型人事制度の設計と社内規程

荻原 勝・著

経営書院

はじめに

　働き方についての人々の考え方や希望は、年々変化しています。現在の変化のキーワードは「多様性」です。

　勤務時間についても、仕事の内容についても、また、育児や介護の支援制度についても、「いくつかの選択肢の中から、自分の価値観や生活スタイルにマッチしたものを選択したい」という考えが強まっています。

　例えば、勤務時間の場合、現在は、会社が就業規則において、始業時刻・終業時刻を統一的に決めるのが一般的ですが、「自分で始業時刻・終業時刻を決めて勤務したい」というニーズが高まっています。

　働き方についての考えが多様化しているのは、所得水準の上昇による生活水準の向上、高学歴化、職業構造の高度化（専門職や企画職の増加）、さらには、仕事のデジタル化（情報通信技術の進歩）などによるものです。

　会社は、このような流れに対応して、人事制度を「社員が選択できるもの」に代えていくことが必要です。現在の統一的・画一的な人事制度にこだわっているのは望ましくありません。

　本書は、選択型の人事制度を具体的に紹介したものです。人事制度の内容・種類に応じて、次の9章構成としました。

第８章　健康・体力づくり

第９章　新型コロナの感染防止・パンデミック対策

　人事管理を正確かつ効率的に行うためには、会社への届出書、申請書、報告書などの様式（フォーマット）を整備する必要があります。そこで、本書の実務性を高めるために、社内ですぐに使える様式を多数掲載しました。

　また、読みやすさを高める目的で、図表を多く掲載しました。

　本書が、現在の人事制度の見直しと新しい人事制度の企画・実施において役に立つことができれば幸いです。

　最後に、本書の出版に当たっては、経営書院の皆さんに大変お世話になりました。ここに記して、厚く御礼申し上げます。

2022年春

荻原　勝

目　次

新しい働き方

第1節

選択型テレワーク制度

 1　制度の趣旨

(1)　テレワークのメリット

　2020年の初頭以降、新型コロナウィルス感染症の感染が全国的に拡大する中で、テレワーク（リモートワーク・在宅勤務）は急速に普及しました。会社で働いている人はもとより、会社で働いていない人も、日常的に「テレワーク」という言葉を使うようになりました。

　政府の関係者や都道府県知事が、テレワークと時差出勤の導入・実施を呼びかける映像がしばしばテレビに映りました。

　テレワークは、会社に出勤することなく自宅等で仕事をするものであるため、交通機関と職場の3密（密集・密接・密閉）を確実に回避できます。このため、コロナの感染拡大を防止するうえで効果的です。このほか、次のようなメリットもあります。

図表　テレワークのメリット

> ・仕事に集中し、業務の効率化を図れる
> ・交通混雑を緩和できる
> ・通勤に伴う身体的・精神的な疲労を解消できる
> ・育児や介護と仕事の両立を図れる（ワーク・ライフ・バランス）
> ・その他

(2)　テレワークの問題点

　どのような業種であっても、会社がその業務を効率的・生産的に遂行するためには、社員の勤務状況と仕事の進捗状況を正確に把握し、必要に応じて必要な指示命令を出すことが何よりも重要です。

　「社員が何をしているのか、分からない」「社員に指示した仕事がどの程度進んでいるのか、分からない」というのでは、会社の経営はうまく進みません。

　テレワークは、会社（経営者・役職者）の眼の届かないところで仕事をするものです。したがって、経営者や部門の長（部長・課長・係長）が社員（部下）の勤務実態や仕事の進み具合を正確かつ迅速に把握することが相当に難しくなります。

　確かに、スマートフォンやオンラインで社員と話をしたり、報告を受けたりすれば、勤務の実態や仕事の進捗状況を把握することは可能でしょう。しかし、そのような手段・方法による把握には、一定の限界があります。やはり、同じフロアや間近かなところで一緒に働き、折に触れて指示命令したりする方が確実です。

　また、「家が狭く、仕事のスペースを確保できない」「小さい子がいるので仕事に集中できない」など、就業環境の面で問題を抱えている社員も少なくないでしょう。

　さらに、「家は憩いの場、安らぎの場。家で仕事をしたくない」という考えを持っている社員もいるでしょう。

このほか、次のような問題点が指摘されています。

図表 テレワークの問題点

> ・社員同士のコミュニケーションが少なくなる
> ・社員間のコミュニケーションが少なくなる結果、職場の一体感・連帯感が希薄となる
> ・一人で仕事をするので、孤独感、不安が強まる
> ・勤務時間中に個人的な用事で仕事を中断する者が出る（いわゆる「中抜け」）
> ・会社に無断で副業をする者が出る
> ・出勤がなくなり、生活が不規則となる
> ・家庭生活と仕事との区別がつかなくなる
> ・運動不足となる
> ・その他

(3) 選択型のテレワーク制度の採用

このように、テレワークは、メリットがあると同時に、問題点もあります。

こうしたことを考えると、会社が要請、指導、あるいは命令する形で社員にテレワークを強いるのは、新型コロナウィルスの感染が爆発的に拡大している時期は許されるとしても、感染がある程度収束している状況の下では好ましくないといえるでしょう。

新型コロナの感染がある程度落ち着き、「まん延防止等重点措置」や「緊急事態宣言」が発令されていないときは、テレワークをするかしないかは、社員一人ひとりの自主的な判断に委ねるのが現実的な対応といえるでしょう。

「選択型テレワーク」は、テレワークをするかしないかを社員自身に選択させるという制度です。

2　制度の設計

(1)　適用対象者

はじめにテレワークを選択できる社員の範囲を定めます。

どのような社員をテレワークの対象とするかは、もとより会社の自由ですが、一般的には、次のいずれかの業務を、パソコンを使用して、単独で遂行できる者とするのがよいでしょう。

・専門的知識を必要とする業務

・企画業務（経営企画、業務企画、商品企画、その他）

(2)　テレワークの期間

テレワークができる期間については、特に制限を設けないということも考えられますが、制度の適切な運用という観点からすると、一定の期間を設定するのがよいでしょう。

期間は、延長することができるものとします。

(3)　テレワークの場所

専門的知識を要する業務も、企画関係の業務も、「考えながら行う業務」です。定型的・機械的な仕事ではありません。知識を必要とする業務は、静かで落ち着いた環境の中でなければ、質の高い成果を挙げることは期待できません。このため、社員に対して、就業にふさわしい場所で業務を遂行することを求めます。

なお、社員の中には「家では落ち着いて仕事ができない」「家では仕事に集中できない」といって、レンタルルームなど外部の施設でテレワークをする者がいます。外部の施設の利用には、費用が掛かります。交通費、施設の利用料などの費用負担の取り扱いを定めておくことが必要です。

⑷　テレワークの届出事項と届出期限

　テレワークを希望する社員に対して、開始日の一定期日前までに、次の事項を会社に届け出ることを求めます。

・業務の内容

・開始日、終了日

・就業場所

・その他必要事項

様式例　テレワーク届

	○○年○○月○○日
取締役社長殿	
	○○部○○課○○○○
テレワーク届	

業務の内容	
開始日・終了日	
就業場所	
その他	

以上

⑸　テレワークの心得

　テレワークをする社員の心得を明確にしておくことが望ましいといえます。一般的な心得を示すと、次頁の図表のとおりです。

⑹　テレワーク社員の業務の管理

①　業務管理の重要性

　会社の業務は、すべて合理的・効率的に行われることが必要です。テレワークについても、同じです。テレワークにおける業務管理の重

図表　テレワークの心得

> ・時間を有効に活用して業務を効率的に遂行すること
> ・業務の遂行状況を会社に適宜適切に報告すること
> ・業務の遂行について判断に迷うときは、独断専行することなく、会社の
> 　指示を求めること
> ・会社から指示された業務を責任をもって遂行すること
> ・社内における自分の地位と役割にふさわしい仕事をすること
> ・スマートフォン、パソコン等の通信機器に記録されている会社の重要な
> 　情報が他に漏洩しないように十分注意すること
> ・勤務時間中に個人的な事情で業務を中断しないこと
> ・仕事と家庭生活とを混同しないこと
> ・生活が不規則にならないように注意すること

要性・必要性は、いくら強調しても、強調しすぎることはないでしょう。

　業務管理とは、社員一人ひとりについて、

　・その能力と意欲に応じて、やるべき仕事（質・量）を決める

　・社員に対して、仕事の計画を立てさせる

　・計画に沿って、仕事を遂行させる

　・仕事の進捗状況と結果を報告させる

という一連の管理をいいます。

　業務管理を適切に行うことにより、テレワークの生産性、実効性の向上が図られます。

②　仕事の内容の決定と指示

　社員によって、仕事の経験年数、知識、手腕、技術力が異なります。仕事に対する熱意・意欲についても、差異が見られるのが現実です。高い能力の社員もいれば、普通程度の社員もいます。仕事に対して強い意欲を有している者もいれば、普通程度の者もいるでしょう。

　社員一人ひとりについて、一定期間にするべき仕事の内容を決め、本人に伝えます。

　当然のことですが、「テレワークだから」という理由で、仕事の量を内勤社員より多くしたり、求めるレベルを高めたりするようなことがあってはなりません。

図表　各人の仕事の内容の決定基準

・仕事の経験年数
・仕事についての知識のレベル、量
・これまでの仕事の実績
・本人の社内における地位
・支払われている給与の高さ
・仕事への熱意、意欲
・その他

③　業務計画を作成させる

　テレワークの仕事を着実に進めるためには、あらかじめ合理的な実施計画が作成されていることが必要です。このため、テレワークをする社員に対して、1週間あるいは1ヶ月の業務計画を作成し、これを会社に提出することを求めるのがよいでしょう。業務計画の作成・提出は、テレワークの社員に緊張感・責任感を与えます。

④　業務計画の様式例

　業務計画の様式例を紹介すると、次のとおりです（いずれも、1週間単位で業務計画を立てるもの）。

様式例　業務計画
○その1（標準的なもの）

			○○年○○月○○日
取締役社長殿			
			○○部○○課○○○○

業務計画（○月○日～○月○日）

日	曜日	業務計画	備考
	月		
	火		
	水		
	木		
	金		

以上

○その2（1週間の業務をリストアップさせるもの）

業務計画（○月○日～○月○日）

業務計画	備考
1 2 3 4 5	

以上

○その3 （業務の内容と時間配分を記載させるもの）

業務計画（○月○日～○月○日）		
業務	**投入時間数**	**コメント**
資料・データの収集	○時間	
資料・データの加工・整理	○時間	
資料・データの読み込み・分析	○時間	
レポートの構成・内容の企画・構想	○時間	
レポートの作成	○時間	
その他	○時間	
計	○時間	

以上

⑤　業務の実施

　社員に対して「業務計画に沿って、業務を実施するように」と指示します。業務はさまざまな作業（工程）から構成されるのが一般的です。専門知識を必要とする業務も、企画関係の業務も、同様です。どの作業にどの程度の時間を掛けるかは、社員の裁量に委ねます。

　また、当然のことですが、社員は勤務時間中は業務に専念する義務（業務専念義務）を負っています。勤務時間中に業務を中断し、コンビニに買い物に行ったり、銀行に預金を下ろしに行ったりするのは、労働契約違反です。ところが、テレワークの場合には、会社の眼が届かないという気安さから、業務の中断（中抜け）があるといわれます。

　社員に対して、勤務時間中はパソコンの前に座って業務に専念するように指示するのがよいでしょう。

⑥　業務の実施結果を報告させる

　会社の経営を円滑に行うためには、社員の業務の進捗状況を適切・的確に把握することが必要不可欠です。社員に指示命令した業務が自宅等で順調に行われているかどうかを正しく把握することは、きわめて重要です。

　部下の業務の進捗状況の的確な管理は、役職者の重要な任務です。

　どのような方法で把握するかは、会社の自由ですが、情報通信機器による報告では、一定の限界があります。社員が過剰、あるいは過小な報告をしたときに、それが事実と異なることを見抜くのは、相当に困難です。やはり、本人と対面し、途中の成果物を現認するなどして、チェックするのがベターです。

　このため、テレワーク社員に対して、週に 1 回程度、業務報告のために出社することを義務付けるのがよいでしょう。

　役職者は、部下との面談で、指示した業務が順調に遂行されていることが確認できたときは、引き続き業務を継続するよう指示します。もしも、指示した業務の進捗が予定よりも遅れていること、あるいはその内容が期待したレベルを下回っていることが確認されたときは、

　　・進行スケジュールの変更の指示

　　・手段、時間配分の変更の命令

　　・他の社員への応援の依頼

などの措置を講じます。

図表　部下の業務の把握方法

・電話で報告させる
・メールで報告させる
・オンラインで報告させる
・出社させて報告させる

⑦　業務報告の様式例

　業務報告の様式例を示すと、以下のとおりです。

17

様式例　業務報告
○その1　（標準的なもの）

			○○年○○月○○日

取締役社長殿

○○部○○課○○○○

業務報告（○月○日〜○月○日）

次のとおり業務報告をします。

日	曜日	業務内容	備考
	月		
	火		
	水		
	木		
	金		

以上

○その2　（1週間の業務をリストアップさせるもの）

業務報告（○月○日〜○月○日）

今週の業務の結果を報告します。

業務の内容	備考
1 2 3 4 5	

以上

○その３（自己評価を取り入れた報告書）

業務報告（○月○日〜○月○日）

次のとおり業務報告をします。

日	曜日	業務の内容	備考
	月		
	火		
	水		
	木		
	金		

（結果についての自己評価）

①時間配分について➡□予定通りだった　□ほぼ予定通り
　　□あまり予定通りでなかった　□予定通りでなかった
②業務の進め方について➡□計画通りだった　□ほぼ計画通り　□あまり計画通りでなかった　□計画通りでなかった

以上

(7)　テレワークの勤務時間

①　労働基準法の適用

労働基準法は、勤務時間について、

・１日８時間、週40時間を超えてはならない

・就業規則において始業時刻、終業時刻等を定めなければならない

などと定めています。

労働基準法は、テレワークにも適用されます。

②　勤務時間の決め方

テレワークの勤務時間の決め方には、実務的に、次の３つがあります。

・通常の勤務と同じとする（通常の勤務時間が午前９時〜午後６時であれば、テレワークもそれと同じとする）

・フレックスタイム制とする

・フリータイム制とする

図表　テレワークの勤務時間の決め方

勤務時間の決め方	例
通常勤務型	午前9時〜午後6時（休憩・正午〜午後1時）
フレックスタイム制	①労働時間の清算期間➡1ヶ月 ②始業時間帯➡午前8時〜10時 ③終業時間帯➡午後3時〜8時 ④コアタイム➡午前10時〜午後3時 ⑤1ヶ月の所定労働時間➡8時間×1ヶ月の所定労働日数
フリータイム制	①労働時間の清算期間➡1ヶ月 ②勤務時間帯➡午前7時〜午後10時 ③1ヶ月の所定労働時間➡8時間×1ヶ月の所定労働日数

(8)　勤務時間の算定

①　労働基準法の定め

　労働基準法は、「労働者が労働時間の全部または一部を事業場外において業務に従事した場合において労働時間を算定し難いときは、所定労働時間労働したものとみなす」と定めています（第38条の2）。

　テレワークは、主として社員の自宅で行われるので、会社として本人が何時間働いたかを正確に把握できません。

②　みなし労働時間制の採用

　労働時間の算定については、実務的に

・労働基準法の規定にしたがいみなし労働時間制を適用する

・社員に申告させ、申告のあった時間を労働時間とする

の2つがあります。

　厚生労働省の「テレワーク・ガイドライン」は、テレワークに対し

て事業場外みなし労働時間制」を適用するには、次の2つの条件を満たすことが必要であるとしています。

　　・情報通信機器が、使用者の指示により常時通信可能な状態におくこととされていないこと
　　・随時使用者の具体的な指示に基づいて業務を行っていないこと
　　事業場外みなし労働時間制の適用は、会社にとって、
　　・テレワーク社員の労働時間管理を統一的・効率的に行える
　　・労働時間が長時間に及ぶのを防止できる
などの効果が期待できます。このため、会社との情報通信システムの接続は、「会社または本人が必要とする場合」に限定し、みなし労働時間制を適用するのがよいでしょう。

図表　テレワークの勤務時間の算定方式

みなし労働時間制	1日所定労働時間、労働したものとみなす
申告方式	1日の勤務時間を社員に申告させ、申告された時間を勤務時間として取り扱う。申告時間が10時間であるときは、所定勤務時間（8時間）を超える2時間を時間外労働として扱う

(9)　深夜・休日勤務の取り扱い

①　労働基準法の定め

　テレワーク社員の中には、「良い仕事をしたい」「成果を出して会社の評価を得たい」などの思いから、深夜（午後10～午前5時）や休日に仕事をする者が出る可能性があます。社員が深夜や休日に仕事をすると、当然のことながら、長時間労働（過重労働）となります。長時間労働は、心身の健康を損なう恐れがあります。

　また、労働基準法は、深夜労働と休日労働について、割増賃金の支払いを定めています。したがって、深夜・休日労働が増えると、それ

だけ給与負担が増加します。

② 届出制・許可制の採用

　深夜・休日労働の取り扱いには、

・社員の自由に委ねる

・事前の届出制とする

・許可制とする

の３つがあります（いずれの場合も、36協定の枠内で行わせる）。

　テレワークの長時間労働の防止、給与負担の抑制という観点から判断すると、事前届出制または許可制とするのがよいでしょう。事前に届出、または許可申請のなかったものは、深夜・休日労働としては取り扱わないものとします。したがって、手当は支払わないものとします。

図表　深夜・休日労働の取り扱い

方式	説明
本人決定方式	深夜・休日勤務をするかしないか、する場合は何時間するかを、本人の選択に委ねる
届出制	あらかじめ次の事項を会社に届けさせる。 ・業務の内容 ・勤務日 ・勤務時間数
許可制	あらかじめ次の事項を会社に申請させ、会社が許可する。 ・業務の内容 ・勤務日 ・勤務時間数

（注）いずれも36協定の枠の中で行う。

様式例　深夜・休日勤務届

取締役社長殿	○○年○○月○○日
	○○部○○課○○○○

深夜・休日勤務届
（□深夜勤務　□休日勤務）

月日	
時間数	
業務内容	
備考	

以上

⑽　勤務時間の把握と記録

　会社は、社員の勤務時間を適正に把握する義務があります。

　テレワーク社員についても、勤務時間を把握する必要があります。

　「テレワーク・ガイドライン」は、「通常の労働時間制度に基づくテレワークを行う場合においても、使用者は、その労働者の労働時間について適正に把握する責務を有している」と定めています。

　内勤の社員については、タイムカードやICカードなどで勤務時間を把握することが可能ですが、テレワーク社員については、それができません。このため、社員本人に日々の勤務時間を記録させ、それを1週あるいは1ヶ月ごとに報告させるのが現実的です。

様式例　テレワーク勤務時間記録表

取締役社長殿
○○部○○課○○○○

勤務時間記録表（○○年○○月）

日	曜日	始業時刻	終業時刻	勤務時間数	深夜勤務時間数	休日勤務時間数	備考
1							
2							
3							

（以下、省略）。

⑾　通勤手当の取り扱い

　テレワークの社員は、自宅を中心にして業務を遂行し、会社には行きません。したがって、通勤手当を支給する必要はありません。

　業務の報告や打ち合わせのために出社したときは、交通費の実費を支給します。

様式例　交通費請求書

				○○年○○月○○日
取締役社長殿				
				○○部○○課○○○○
交通費請求書（○○年○○月）				
出社日	出社目的	乗車区間	交通費	備考
計	＊＊	＊＊		
				以上

⑿　副業の取り扱い

①　テレワークと副業

　テレワークの場合、

　　・会社の眼が届かない

　　・通勤時間が無くなり、自由な時間が大幅に増える

　　・長年、昇給（賃上げ）が抑制されていて収入が増えていない

　　・誰にも「収入を増やしたい」という気持ちがある

などの事情から、副業（兼業・アルバイト）をする者が出る可能性が大きいといえます。

　副業は、その時間数や日数が長い場合はもちろんのこと、短い場合でも本来の業務に影響を与えます。業務への影響が全くない、ということは考えられないでしょう。

② 副業の取り扱い

　副業については、さまざまな意見があります。「全面的に禁止したい」という意見を持っている経営者や人事担当者も少なくありません。しかし、自由時間をどのように過ごすかは本来的に各人の自由です。このため、副業の全面禁止には問題があります。

　副業については、会社への届出制とするのが適切でしょう。

図表　副業の取り扱い

・全面的に禁止する
・会社の許可制とする
・会社への届出制とする
・社員の自由に委ねる

様式例　副業届
○その1　（標準的なもの）

	○○年○○月○○日
取締役社長殿	○○部○○課○○○○

副業届

会社名	
所在地	
副業の業務内容	
勤務日数、勤務時間	
副業の開始日	
備考	

以上

○その２（誓約書付きのもの）

副業届	
雇用主、所在地	
担当する仕事	
勤務日数、勤務時間	
副業予定期間、その他	

誓約書

1　会社の仕事に影響を与えない範囲で副業をします。
2　会社の信用と名誉を傷つけることはしません。
3　副業によって得た所得は税務処理をきちんと行います。
4　副業に係るトラブル、事件は、私の責任でいっさいを処理し、会社に迷惑を掛けることはしません。

以上

③　副業中止の届出

　会社は、使用者として社員の副業の実態を正しく把握しておく責任を負っています。このため、社員が副業を開始するときはもちろんのこと、副業を中止するときも、届け出ることを求めます。

様式例　副業の中止届

○○年○○月○○日

取締役社長殿

○○部○○課○○○○

副業中止届	
中止する月日	
中止する理由	
備考	

以上

④　禁止すべき副業

　副業を容認する場合においても、一般的・常識的に判断して、図表に示す副業は禁止すべきでしょう。

図表　禁止すべき副業

・長時間に及ぶ副業
・会社と同じ業種での副業（経営秘密や経営ノウハウが漏洩するため）
・会社の信用と名誉を傷つけるもの
・危険度の大きいもの

3　モデル規程

テレワーク規程

第1章　総則

（目的）

第1条　この規程は、テレワークの取り扱いについて定める。

（適用対象者の範囲）

第2条　次のいずれかの業務をパソコンを駆使して、単独で遂行できる者は、あらかじめ会社に届け出ることにより、自宅等で業務をすることができる。

(1)　専門的知識を必要とする業務

(2)　企画業務（経営企画、業務企画、商品企画、その他）

（テレワークの期間）

第3条　テレワークができる期間は、1回につき3ヶ月以内とする。

2　テレワークの期間は、延長することができる。

（テレワークの場所）

第4条　テレワークの場所は、就業にふさわしい場所でなければならない。

2　テレワークの場所の使用について費用を必要とする場合、その負担は本人負担とし、会社は負担しない。

（届出事項と届出期限）

第5条　テレワークをするときは、開始日の2日前までに、次の事項を会社に届け出なければならない。

　（1）　業務の内容

　（2）　開始日、終了日

　（3）　就業場所

　（4）　その他必要事項

2　テレワークの期間を延長するときも、同様とする。

（就業規則との関係）

第6条　テレワークをする者の労働条件および服務規律について、この規程に定めのない事項は、すべて就業規則の定めるところによる。

第2章　社員の心得

（社員の心得）

第7条　テレワークをする者は、特に次のことに留意しなければならない。

　（1）　時間を有効に活用して業務を効率的に遂行すること

　（2）　業務の遂行状況を会社に適宜適切に報告すること

　（3）　業務の遂行について判断に迷うときは、独断専行することなく、会社の指示を求めること

　（4）　生活が不規則にならないように気をつけること

（通信機器の取り扱い）

第8条　テレワークをする者は、スマートフォン、パソコン等の通信機器に記録されている会社の重要な情報が他に漏洩しないように十分注意しなければならない。

（業務中断の禁止）

第9条　勤務時間中に個人的な事情で業務を中断してはならない。

（会社への届出）

第10条　年休の取得、体調の不良その他によって業務をしないときは、あら

かじめ会社に届け出なければならない。

（業務実施計画の作成と報告）

第11条　社員は、テレワークで行う業務について、毎週その実施計画を作成し、これを会社に提出しなければならない。

2　会社は、必要と認めるときは、実施計画の修正を求めることがある。

3　社員は、毎週1回、出社して業務の進捗状況または結果を報告しなければならない。

第3章　勤務時間の取り扱い

（時間外勤務）

第12条　時間外勤務は、会社と労働組合との間で協定した時間の範囲内で行わなければならない。

（深夜業・休日勤務）

第13条　深夜業および休日勤務は、原則として禁止する。

2　やむを得ない事情によって深夜または休日に勤務するときは、あらかじめ会社の許可を得なければならない。

（勤務時間の記録）

第14条　社員は、勤務時間を毎日記録し、これを毎月報告しなければならない。

（勤務時間の算定）

第15条　勤務時間については、みなし労働時間制を適用し、所定勤務時間勤務したものとみなす。

第4章　その他

（通勤手当）

第16条　テレワークの期間中は、通勤手当は支給しない。

2　業務で出社したときは、交通費の実費を支給する。

（パソコン等の貸与）

第17条　会社は、本人が申し出たときは、業務に必要なパソコンその他の機

器を貸し出す。

（出社命令）

第18条　会社は、業務上必要であるときは、テレワークの社員に対して、テレワークを中断して出社することを命令することがある。

（テレワークの中止命令）

第19条　社員が次のいずれかに該当するときは、テレワークを中止し、社内勤務に復帰することを命令することがある。

　(1)　業務の効率が著しく良くないとき

　(2)　会社への業務報告が良くないために、しばしば業務に支障を発生させたとき

　(3)　勤務時間中にしばしば個人的な事情で業務を中断したとき

　(4)　その他、テレワークに適していないと認められるとき

（副業）

第20条　社員は、副業をするときは、あらかじめ、その内容を会社に届け出なければならない。

2　　次に掲げる副業はしてはならない、

　(1)　長時間に及ぶ副業

　(2)　会社と同じ業種での副業（経営秘密や経営ノウハウが漏洩するため）

　(3)　会社の信用と名誉を傷つけるもの

　(4)　危険度の大きいもの

3　　会社は、副業が会社の業務に好ましくない影響を与えていると認めるときは、その中止を命令することがある。

4　　会社は、副業に係るトラブル、事件等についていっさい責任を負わない。

5　　副業を中止するときは、あらかじめ届け出なければならない。

（付則）

この規程は、〇〇年〇月〇日から施行する。

第2節

選択型モバイルワーク制度

 ## 1　制度の趣旨

　会社の仕事の中には、会社の外で行われるものがあります。その典型は営業です。

　その他、市場調査、記事の取材、機械の保守・点検など、社外で行われる業務にはさまざまなものがあります。

　これまでは、外勤社員はいったん出社するのが一般的でした。しかし、メールやオンラインで仕事の指示を受けたり、仕事の結果を報告したりすれば、わざわざ会社に出勤する必要はありません。

　自宅から取引先等へ直接赴き、仕事が終了したら会社へ寄らずに直接帰宅するという就業形態を「モバイルワーク」といいます。情報の交換（業務の指示、途中経過の報告、各種の連絡、結果の報告、その他）は、すべて情報通信機器で行われます。

　モバイルワークを選択するかしないかを外勤社員一人ひとりの自由な意思決定に委ねる勤務形態を「選択型モバイルワーク」といいます。

図表　選択型モバイルワークのメリット

・出勤時間を省略できる
・出勤に伴う身体的・精神的な疲労がなくなる
・時間を有効に活用して、外勤業務の生産性の向上を図れる

 2　制度の設計

⑴　モバイルワークができる社員

　モバイルワークができる者は、「日常的に社外で行われる業務に従事し、その業務を自己の判断で効率的に処理することのできる者」とするのがよいでしょう。

⑵　モバイルワークの届出

　モバイルワークをするときは、開始日の一定日（例えば1週間）前までに次の事項を届け出るものとします。
　　・業務の内容
　　・モバイルワークの開始日、終了日
　　・その他必要事項

様式例　モバイルワーク届

	○○年○○月○○日
取締役社長殿	
	○○部○○課○○○○
モバイルワーク届	

業務の内容	
開始日・終了日	
その他	

⑶　始業時刻・終業時刻

　始業時刻と終業時刻を定めます。

　始業時刻とは、「取引先において業務を開始する時刻」をいい、終業時刻とは、「取引先において業務を終了する時刻」とします。

⑷　1日の業務の報告

　社員に対して、1日の業務を終えたときは、電話またはメールで会社に、業務の報告をすることを義務付けます。

⑸　深夜・休日勤務の禁止

　深夜勤務や休日勤務が恒常的・日常的に行われると、健康を害する恐れがあります。会社には、社員の健康を守る責任があります。このため、深夜勤務と休日勤務を原則禁止とするのがよいでしょう。

　やむを得ず深夜または休日勤務をするときは、あらかじめ会社の許可を得なければならないものとします。

⑹　勤務時間の記録

　会社は、社員の勤務時間を把握する義務を負っています。

　しかし、モバイルワークは、自宅から取引先へ直行して業務を行い、取引先から自宅へ直帰するという就業形態ですから、会社として勤務時間を把握することは困難です。

　このため、社員に対し、毎日勤務時間を正しく記録し、これを定期的に会社に提出することを求めます。

様式例　モバイルワーク勤務時間記録表

取締役社長殿

○○部○○課○○○○

勤務時間記録表（○○年○○月）

日	曜日	始業時刻	終業時刻	勤務時間数	深夜勤務時間数	休日勤務時間数	備考
1							
2							
3							

（以下、省略）。

(7)　勤務時間の算定

　勤務時間については、労働基準法の事業場外労働の定めに従い、所定勤務時間勤務したものとみなすのがよいでしょう。

(8)　業務計画の作成

　モバイルワークは、一般に複数の取引先を巡回して行われます。このため、あらかじめ合理的な計画を立てて行動しないと、時間に無駄が生じます。社内で行われる業務の場合も、合理的な計画を立てることが必要ですが、モバイルワークの場合は特に必要です。

　そこで、社員に対して、一定期間（週、月）について合理的な計画を立てて、それに沿って計画的に業務を進めていくことを求めます。業務計画に合理性が欠けていると認められるときは、その修正を求めます。

様式例　業務計画

```
                                        ○○年○○月○○日
  取締役社長殿
                                        ○○部○○課○○○○
              業務計画（○月○日～○月○日）
```

日	曜日	訪問先・目的等	備考
	月	（午前） （午後）	
	火	（午前） （午後）	
	水	（午前） （午後）	
	木	（午前） （午後）	
	金	（午前） （午後）	

以上

（注）
1　取引先の所在地．業務内容等を勘案して、合理的に作成すること。
2　計画に沿って業務を進めること。
3　1日の業務が終了したときは、会社に報告すること。

(9)　出社の義務

　モバイルワークをスムーズに進めていくうえで、社員と会社のコミュニケーションはきわめて重要です。相互のコミュニケーションによって、会社に対する信頼感が形成され、職場の活力が醸成されます。
　モバイルワークの社員に対して、週に1回出社し、業務の進捗状況、業務目標の達成度、取引先の景気、同業他社の動向などを報告させるのがよいでしょう。
　また、会社として、必要な指示を与えます。

⑽　副業の取り扱い

　副業について、次の事項を明確にしておくのがよいでしょう。

図表　副業についての定め

> ・副業をするときは、あらかじめその業務内容、勤務時間等を会社に届け
> 　出なければならない。
> ・副業は、会社の業務に影響を及ぼさない範囲で行わなければならない。
> ・会社は、副業が会社の業務に影響を及ぼしていると判断されるときは、
> 　その中止を求めることがある。

3　モデル規程

モバイルワーク規程

（総則）

第 1 条　この規程は、モバイルワークの取り扱いについて定める。

（適用対象者）

第 2 条　日常的に社外で行われる業務に従事し、その業務を自己の判断で効
　　率的に処理することのできる社員は、会社に申し出ることにより、モバイ
　　ルワークをすることができる。

（申出事項・申出期限）

第 3 条　モバイルワークをするときは、開始日の 1 週間前までに次の事項を
　　申し出なければならない。

　⑴　業務の内容

　⑵　モバイルワークの開始日、終了日

　⑶　その他必要事項

2 　期間は、1 回当たり 1 ヶ月とする。ただし、期間を延長することができる。

（就業規則との関係）

第4条　モバイルワークをする者（以下、単に「社員」という）の労働条件および服務規律についてこの規程に定めのない事項は、すべて就業規則の定めるところによる。

（勤務時間）

第5条　始業時刻は午前9時、終業時刻は午後6時とする。

2　始業時刻とは、取引先において業務を開始する時刻をいい、終業時刻とは、取引先において業務を終了する時刻をいう。

（業務報告）

第6条　社員は、1日の業務を終えたときは、電話またはメールで会社に、業務の報告をしなければならない。

（深夜・休日勤務の禁止）

第7条　深夜および休日勤務は、原則として禁止する。

2　やむを得ず深夜または休日勤務をするときは、あらかじめ会社の許可を得なければならない。

（勤務時間の記録）

第8条　社員は、毎日勤務時間を正しく記録し、これを次の週の初めに会社に提出しなければならない。

（勤務時間の算定）

第9条　勤務時間については、労働基準法の事業場外労働の定めに従い、所定勤務時間（8時間）勤務したものとみなす。

（業務計画の作成）

第10条　社員は、毎週業務の実施計画を作成し、これを会社に提出しなければならない。

2　会社は、実施計画が適切でないと認められるときは、その修正を求めることがある。

（業務の報告）

第11条　社員は、毎週1回出社して業務の実施状況を報告しなければならない。

（緊急事態の報告）

第12条　モバイルワーク中に交通事故その他の事故を起こしたときは、直ちに会社に報告し、その指示を求めなければならない。

（諸経費の清算）

第13条　モバイルワークに伴う諸経費（駐車場代、ガソリン代等）の清算は、毎週行うものとする。

（出社命令）

第14条　会社は、業務上必要であるときは、モバイルワーク中の社員に対して出社を命令することがある。

（副業）

第15条　社員は、副業をするときは、あらかじめその業務内容、勤務時間等を会社に届け出なければならない。

2　副業は、会社の業務に影響を及ぼさない範囲で行わなければならない。

3　会社は、副業が会社の業務に影響を及ぼしていると判断されるときは、その中止を求めることがある。

（付則）

この規程は、○○年○月○日から施行する。

選択型の勤務時間・休日制度

第1節

選択型勤務時間制度

 1　制度の趣旨

　多くの会社は、勤務時間帯について、「午前8時始業、午後5時終業」というように1つだけ定めています。

　しかし、「勤務時間帯がいくつか設定されていて、その中から選べる仕組みがあると便利だ」と考えている人もいることでしょう。また、午前8時始業と定められている会社でも、「始業時刻が9時だとありがたい」と思っている人もいることでしょう。

　勤務時間帯は、個人の生活のスタイルとリズム（朝型・夜型）と深く関係しています。社員が自分の生活のスタイルやリズムにマッチした勤務時間帯を希望するのは当然でしょう。

　勤務時間帯をいくつか設定し、社員にその中から1つを選択させ、それによって勤務させる制度を「選択型勤務時間制度」（セレクティブ勤務時間制度）といいます。

図表　選択型勤務時間制度の例

選択肢２つの場合	選択肢３つの場合	選択肢４つの場合
・午前8時始業〜 　午後5時終業 ・午前10時始業〜 　午後7時終業	・午前8時始業〜 　午後5時終業 ・午前9時始業〜 　午後6時終業 ・午前10時始業〜 　午後7時終業	・午前8時始業〜 　午後5時終業 ・午前9時始業〜 　午後6時終業 ・午前10時始業〜 　午後7時終業 ・午前11時始業〜 　午後8時終業

2　制度の設計

(1)　適用者の範囲

　制度の適用については、

　　・すべての社員に適用する

　　・特定の部門の社員だけに適用する

の2つがあります。

　業務の内容によっては、この制度を適用できません。このため、会社で行われている業務の内容に応じて決めるのがよいでしょう。

(2)　勤務時間の種類

　勤務時間の種類を具体的に決めます。

　勤務時間の種類の数は、一般的に、2〜4程度とするのがよいでしょう。

(3)　選択期間

　選択期間については、1週間、1ヶ月、3ヶ月、6ヶ月、1年など

が考えられます。期間を1ヶ月としたときは、1ヶ月間同一の勤務時間帯で勤務することになります。

⑷　職場への入退場の心得

この制度を採用すると、職場への入退場の時間が社員によって異なることになります。そこで、「職場への入退場に当たっては、他の社員の業務に影響を与えないように注意しなければならない」と定めておくのがよいでしょう。

⑸　黒板への書き出し

誰がいつ出社するのかが分かっていないと、業務に支障が生じる恐れがあります。そこで、課ごとに課員の勤務時間を職場の黒板に書き出しておくようにします。

3　モデル規程

勤務時間規程

（総則）
第1条　この規程は、社員の勤務時間について定める。
（適用者の範囲）
第2条　この規程は、すべての社員に適用する。
（勤務時間の種類）
第3条　勤務時間は、次の3種類とする。社員は、いずれかを選択して勤務するものとする。

　　　　　A勤務　　午前8時〜午後5時（休憩・正午から1時間）

　　　　　B勤務　　午前9時〜午後6時（休憩・正午から1時間）

　　　　　C勤務　　午前10時〜午後7時（休憩・正午から1時間）

（選択期間）

第4条　勤務時間の選択は、3ヶ月ごとに行う。

　　　　第1期　　4〜6月

　　　　第2期　　7〜9月

　　　　第3期　　10〜12月

　　　　第4期　　1〜3期

（勤務時間の変更）

第5条　期間の途中において勤務時間を変更することは認めない。

（職場への入退場の心得）

第6条　職場への入退場に当たっては、他の社員の業務に影響を与えないように注意しなければならない。

（時間外勤務の取り扱い）

第7条　各勤務ともに、8時間を超える勤務を時間外勤務とする。

2　時間外勤務をするときは、あらかじめ会社の許可を得なければならない。

（黒板への書き出し）

第8条　各課ごとに課員の勤務時間を職場の黒板に書き出しておくものとする。

（付則）

この規程は、○○年○月○日から施行する。

第2節

フレックスタイム制度

 ## 1　制度の趣旨

　普通の場合は、就業規則で始業時刻と終業時刻を定めています。社員は就業規則で定められた始業時刻から業務を始め．終業時刻まで業務に従事する義務を負っています。

　これに対して、フレックスタイムは、社員自身に始業・終業時刻と1日の勤務時間数を決めさせるという柔軟な勤務時間制度です。

　一般に、仕事の量には「波」があります。とても忙しい日もあれば、それほど忙しくない日もあります。仕事の量が日によって異なるにもかかわらず、勤務時間を1年を通じて一律に決めるというのは不合理です。

　社員一人ひとりが仕事の忙しさに応じて1日の勤務時間を決めれば、勤務時間を短縮することが可能です。残業（時間外労働）を削減することができます。このほか、フレックスタイム制度には、多くのメリットがあります。

　選択型の人事制度にはさまざまなものがありますが、フレックスタイム制度は、代表的な制度の1つです。

図表　フレックスタイム制度のメリットと問題点

メリット	問題点
・勤務時間の有効活用により、業務の効率化を図れる ・社員の自主性を尊重するので、勤労意欲の向上を図れる ・勤務時間の有効活用により、残業時間を短縮し、残業代の支払額を減らせる ・「遅刻」に対する緊張感を減らせる ・通勤ラッシュを避けて通勤することが可能となる ・社員の時間意識を高めることができる	・始業時刻・終業時刻がバラバラとなり、職場の一体感・連帯感が薄れる ・役職者による部下の業務管理が難しくなる

 ## 2　制度の設計

(1)　対象者の範囲と心得

①　対象者の範囲

　フレックスタイムは、社員自身に始業時刻、終業事項および勤務時間数を決めさせるものですから、どの業務にも適用できるというわけではありません。

　フレックスタイム制が適しているのは、次の図表に示す2つの条件を満たす業務です。

図表　フレックスタイム制に適している業務

・各人の業務分担が独立的に決められている業務
・業務遂行について社員の裁量性が大きい業務（仕事の進め方や時間配分などについて、会社の方で細かい指示を出さない業務）

②　対象社員の心得

　フレックスタイム制度の特徴に配慮し、適用社員に対して、次の事

項に留意して業務を遂行するように求めるのがよいでしょう。

図表　フレックスタイム適用社員の心得

・会社から指示された業務を責任を持って遂行すること
・業務の経過および結果を適宜適切に上司に報告すること
・上司、同僚、関係者とよく協調して業務を遂行すること
・常に自己啓発に努めること

(2)　コアタイム

　会社の業務を円滑に進めていくうえで、部下に対する業務の指示命令、上司への業務の報告、業務に関する社員相互の情報交換はきわめて重要です。

　フレックスタイム制は、社員自身に始業・終業時刻を決めさせる制度ですが、このような職場の情報交換を円滑に行う目的で、「社員が必ず働いているべき時間帯」を設けるのが一般的です。この「社員が必ず働いているべき時間帯」を「コアタイム」といいます。

　例えば、「午前10時〜午後3時」というように、業務遂行上の必要性を勘案してコアタイムを決めます。

　コアタイムを決めた場合、遅刻、早退および欠勤は図表のように取り扱われます。

図表　遅刻等の取り扱い。

・コアタイムの開始時刻に遅れたとき➡遅刻
・コアタイムの終了前に退社したとき➡早退
・コアタイムにまったく勤務しなかったとき➡欠勤

(3)　フレキシブルタイム

　コアタイムを設けるときは、フレキシブルタイム（始業時間帯・終

業時間帯）を決めることになります。

図表　コアタイム・フレキシブルタイムの設定例

コアタイム	フレキシブルタイム
午前10〜午後 3 時	（始業時間帯）午前 8 〜10時 （終業時間帯）午後 3 〜 8 時

(4)　勤務時間の清算期間

　勤務時間の清算期間は、労働基準法で「 3 ヶ月以内」とされています。 3 ヶ月以内であれば、どのように決めるのも会社の自由ですが、正社員については月給制が広く採用されています。勤務時間の清算期間と給与の計算期間とが異なると、実務的にさまざまな支障が生じる恐れがあります。したがって、勤務時間の清算期間は、給与の計算期間に合わせて 1 ヶ月とするのが便利です、もしも給与の計算期間が「21日〜翌月20日」であれば、勤務時間の清算期間も「21日〜翌月20日」とします。

(5)　標準勤務時間

　年休を取得したときなどの時間計算のために、「標準勤務時間」を決めておくことが必要です。そして、次の場合には、標準勤務時間勤務したものとみなします。通常の所定勤務時間が 8 時間であれば、標準勤務時間も 8 時間とします。

　・年休を取得したとき

　・年休以外の休暇を取得したとき

　・勤務時間の全部または一部を事業場外で業務に従事し、勤務時間を算定し難いとき

⑹　清算期間中の所定勤務時間

　通常の勤務時間制の場合は、所定勤務時間は「1日単位」で決められます。労働基準法が1日8時間制を定めているので、所定勤務時間を8時間としている会社が多いのが現状です。

　これに対して、フレックスタイム制の場合は、日によって勤務時間が異なるため、「勤務時間の清算期間」を単位として所定勤務時間を決めることになっています。

　清算期間中の所定勤務時間数は、次の算式によって得られる時間とするのが分かりやすくて便利です。

　（所定勤務時間数）標準勤務時間（8時間）×清算期間中の所定
　　勤務日数

図表　清算期間の所定勤務時間

・勤務日数が21日のとき➡21×8時間＝168時間 ・勤務日数が22日のとき➡22×8時間＝176時間 ・勤務日数が23日のとき➡23×8時間＝184時間

⑺　休日勤務等の許可

　フレックスタイム制は、勤務時間の決定を社員に委ねるという柔軟な勤務時間制度です。このため、時間意識を厳しく持って仕事をしないと、休日やフレキシブルタイム外に仕事をして、勤務時間が長くなる可能性があります。勤務時間が長くなるのは、会社として好ましいことではありません。

　長時間勤務を少しでも抑制するため、次の勤務については会社による許可制とするのがよいでしょう。

　・休日勤務
　・始業時間帯開始前の勤務、終業時間帯終了後の勤務

様式例　フレキシブルタイム外・休日勤務の許可願い

	○○年○○月○○日
取締役社長殿	
	○○部○○課○○○○

フレキシブルタイム外・休日勤務の許可願い
（□フレキシブルタイム外勤務　□休日勤務）

勤務日	
勤務時間	
業務内容	
備考	

以上

（注）必ず事前に提出すること。

(8)　勤務時間の過不足の取り扱い

　会社の立場からすると、社員一人ひとりが時間を上手に使って業務を遂行し、所定勤務時間の中で業務を完全に果たしてくれることが望ましいといえます。しかし、フレックスタイム制の下では、実際の勤務時間と所定勤務時間との間に過不足が生じるのが一般的です。

　過不足については、次の図表に示すように取り扱うことが必要です

　例えば、1ヶ月の所定勤務時間が176時間であるときに、実際の勤務時間が200時間であったとします。この場合には、超過の24時間を残業として取り扱い、24時間分の割増賃金（時間外勤務手当）を支払わなければなりません。超過分を次の清算期間に繰り越すことは、労働基準法違反となります。

　これに対して、所定勤務時間数を下回ったときは、次の清算期間に繰り越すか、または下回った時間分の給与をカットします。

図表　勤務時間の過不足の取り扱い

- ・実際の勤務時間が所定勤務時間を上回ったとき➡上回った時間を残業（時間外勤務）として扱う
- ・実際の勤務時間が所定勤務時間を下回ったとき➡下回った時間を次の清算期間に繰り越すか、または、その分だけ給与をカットする

(9)　不足の解消命令

　社員は、所定勤務時間業務に従事する義務を負っています。実勤務時間が所定勤務時間に不足するということは、社員としての義務を果たしていないことを意味します。このため、不足時間について、次の清算期間への繰越制を採用したときは、不足した社員に対して、次の清算期間においてその不足時間だけ余計に働き、不足時間を解消するように命令するのがよいでしょう。

　例えば、４月の勤務時間が所定時間に20時間不足した社員に対しては、「５月に20時間余計に働いて、不足時間を解消すること」と命令します。

様式例　不足時間解消命令書

　　　　　　　　　　　　　　　　　　　　　　　○○年○○月○○日
　　　　　　　　　　　　　　　　　　　　　　　　　　取締役社長
　　　　　　　　　　不足時間解消命令書（○○年○○月）
　次の者は、当月の勤務時間が次の時間不足したので、次の清算期間において、不足時間を解消すること。

氏名	不足時間	備考

　　　　　　　　　　　　　　　　　　　　　　　　　　　　以上

⑽　勤務時間の記録・提出

　社員は、始業・終業時刻および勤務時間数等を日々記録し、これを清算期間終了後速やかに会社に提出するものとします。

様式例　勤務時間記録表

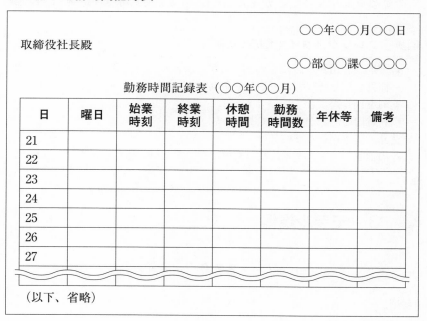

日	曜日	始業時刻	終業時刻	休憩時間	勤務時間数	年休等	備考
21							
22							
23							
24							
25							
26							
27							

○○年○○月○○日

取締役社長殿

○○部○○課○○○○

勤務時間記録表（○○年○○月）

（以下、省略）

⑾　勤務時間の指定

　会社では、いつ、どのようなことが起こるか分かりません。このため、「緊急事態の発生その他業務上必要であると認めるときは、フレックスタイム制度の適用を停止し、特定時刻から特定時刻までの勤務を命令することがある」と定めておくことがよいでしょう。

⑫　適用の解除

　職場では、一定の規律と秩序が守られることが必要です。職場において規律と秩序が守られ、業務が整然と行われるようにするため、社員が次に該当するときは、フレックスタイム制度の適用を解除し、通常の勤務を命令することがある旨、定めておくのがよいでしょう。

図表　フレックスタイム制度の解除

・合理的な理由がないにもかかわらず、所定勤務時間数と実勤務時間数との間にしばしば著しい過不足を発生させる者
・遅刻を繰り返す者
・勤務時間の記録がルーズである者
・業務の効率が良くない者
・その他フレックスタイム制の適用になじまないと認められる者

 3　モデル規程

フレックスタイム規程

（総則）

第1条　この規程は、フレックスタイム制について定める。

（適用対象者の範囲と適用社員の心得）

第2条　この規程は、次の部門に所属する総合職の社員に適用する。

　事務部門／企画部門／営業部門／研究開発部門

2　適用社員は、特に次の事項に留意して業務を遂行しなければならない。

　⑴　会社から指示された業務を責任を持って遂行すること

　⑵　業務の経過および結果を適宜適切に上司に報告すること

　⑶　上司、同僚、関係者とよく協調して業務を遂行すること

　⑷　常に自己啓発に努めること

（勤務時間の清算期間）

第3条　勤務時間の清算期間は、21日から翌月20日までの1ヶ月間とする。

（標準勤務時間）

第4条　1日の標準勤務時間は、8時間とする。

2　社員が次のいずれかに該当するときは、標準勤務時間勤務したものとみなす。

　⑴　年次有給休暇その他の有給休暇を取得したとき

　⑵　社外で業務に従事し、勤務時間を算定しがたいとき

（清算期間中の所定勤務時間数）

第5条　清算期間中の所定勤務時間数は、次の算式によって得られる時間とする。

　　（所定勤務時間数）　8時間×清算期間中の所定勤務日数

（コアタイム・休憩時間）

第6条　コアタイムおよび休憩時間は、次のとおりとする。

　　（コアタイム）午前10時〜午後3時

　　（休憩時間）正午から1時間

2　コアタイム中は、必ず勤務していなければならない。

（フレキシブルタイム）

第7条　フレキシブルタイムは、次のとおりとする。

　　（始業時間帯）午前8時〜10時

　　（終業時間帯）午後3時〜8時

2　始業時刻および終業時刻は、各人の決定に委ねる。

3　職場への入場および退場に当たっては、他の社員の職務に影響を与えないように配慮しなければならない。

（遅刻・早退・欠勤）

第8条　コアタイムの開始時刻に遅れて始業したときは遅刻、コアタイムの終了時刻の前に終業したときは早退とする。

2　コアタイムにまったく勤務しなかったときは、欠勤とする。

3　遅刻、早退または欠勤をするときは、あらかじめ会社に届け出なければ
　ならない。

（休日）

第9条　休日は、次のとおりとする。

(1)　日曜、土曜

(2)　国民の祝日

(3)　年末年始（12月28日～1月4日）

（勤務時間の記録・提出）

第10条　社員は、始業・終業時刻および勤務時間数等を日々記録し、これを
　清算期間終了後速やかに会社に提出しなければならない。

（勤務時間の単位）

第11条　勤務時間の単位は、15分とする。

（超過時間の取り扱い）

第12条　清算期間中の実勤務時間数が所定勤務時間数を超えたときは、超え
　た時間数を時間外勤務として取り扱う。

2　社員は、時間外勤務の時間数が、会社と労働組合とで協定した時間数を
　超えないようにしなければならない。

（不足時間の取り扱い）

第13条　清算期間中の実勤務時間数が所定勤務時間数に不足したときは、不
　足した時間数を次の清算期間に繰り越すものとする。

2　前項の規定にかかわらず、不足時間が20時間を超えるときは、その超え
　る時間に相応する基本給をカットする。

3　不足時間を発生させたときは、次の清算期間においてその不足時間を解
　消するように努めなければならない。

（許可）

第14条　社員は、次の場合には、あらかじめ会社の許可を得なければならない。

(1)　始業時間帯の開始前または終業時間帯の終了後に勤務するとき

(2)　休日に勤務するとき

2　事前に許可を得ていないものについては、原則として勤務時間とはみなさない。

（勤務時間の指定）

第15条　会社は、緊急事態の発生その他業務上必要であると認めるときは、フレックスタイム制度の適用を停止し、特定時刻から特定時刻までの勤務を命令することがある。

（適用解除）

第16条　会社は、次に該当する者については、フレックスタイム制度の適用を解除し、通常の勤務に復するように命令することがある。

⑴　合理的な理由がないにもかかわらず、所定勤務時間数と実勤務時間数との間にしばしば著しい過不足を発生させる者

⑵　遅刻を繰り返す者

⑶　勤務時間の記録がルーズである者

⑷　業務の効率が良くない者

⑸　その他フレックスタイム制の適用になじまないと認められる者

（付則）

この規程は、○○年○○月○○日から施行する。

第3節

選択型休日制度

 1　制度の趣旨

　労働基準法は、勤務時間を「1日8時間、1週40時間」と定めています。これを受けて多くの会社は、1日の勤務時間を8時間とし、休日を週2日与える週休2日制を採用しています。

　多くの会社は、就業規則において週休日を特定していますが、社員の中には就業規則で定められたもの以外の休み方を希望している人もいることでしょう。会社としていくつかの選択肢を用意し、社員に選択させる休日制度を「休日選択制度」といいます。

　業種によっては、全社員の休日を一律に決めるよりも、選択型休日制度の方がふさわしいといえます。

 2　制度の設計

(1)　適用対象者

　制度の適用については、
　・特定の部門に適用する
　・全社員に適用する

の2つがあります。いずれの場合においても、部門の業務管理、対外的な連絡・調整という観点から判断すると、役職者は除外するのがよいでしょう。

⑵　休日

　会社の業務の内容、取引先の休日、社員の希望等を総合的に勘案して、いくつかの選択肢を設定します。

⑶　選択期間

　休日についての考えは、変化することがあります。このため、選択期間を設けるのがよいでしょう。

　選択期間については、1ヶ月、3ヶ月、6ヶ月、1年などが考えられます。

⑷　会社への届出

　選択した休日を会社に届け出るように求めます。

様式例　週休日届

	○○年○○月○○日		
取締役社長殿			
	○○部○○課○○○○		
週休日届（○月○日～○月○日）			

週休日	□土曜・日曜　　□日曜・月曜　　□日曜・水曜　　□火曜・水曜
備考	

以上

⑸　休日勤務の取り扱い

　業務が忙しいときは、休日に勤務することになります。休日勤務の

取り扱いについては、

　　・社員の自由に委ねる

　　・会社への事前届出制とする

　　・会社による許可制とする

などが考えられます。

　安易な休日出勤を抑制するという点から判断すると、届出制または許可制とするのがよいでしょう。

(6)　休日一覧の掲出

　職場の社員の休日が他の社員に周知されていないと、業務に支障が生じる可能性があります。そこで、メンバーの休日一覧を作成し、これを職場に掲出することにするのがよいでしょう。

様式例　休日一覧

氏名	休日

3　モデル規程

休日規程

（総則）

第1条　この規程は、休日の取り扱いを定める。

（適用対象者）

第2条　この規程は、役職者を除くすべての社員に適用する。

　2　役職者の休日は、土曜および日曜とする。

（休日）

第3条　休日は週2日とし、次のいずれかの中から3ヶ月ごとに選択し、これを会社に届け出るものとする。

　　　土曜・日曜／日曜・月曜／日曜・水曜／火曜・水曜

（選択期間）

第4条　選択期間は、次のとおりとする。

　　　4月1日～6月30日

　　　7月1日～9月30日

　　　10月1日～12月31日

　　　1月1日～3月31日

（休日勤務の届出）

第5条　休日に勤務するときは、あらかじめ会社に届け出なければならない。

（休日一覧の掲出）

第6条　職場ごとに社員の休日一覧を作成し、これを職場に掲出するものとする。

（付則）

この規程は、○○年○月○日から施行する。

第4節

選択型週休3日制度

 ## 1　制度の趣旨

　現在のところ、週休3日制を採用している会社はきわめて少数ですが、やがてその時代が到来するといわれています。

　社員が希望すれば、週休3日制による勤務を認めるという制度を「選択型週休3日制度」といいます。やがて到来する週休3日の時代を先取りした制度といえるでしょう。

 ## 2　制度の設計

(1)　週休3日制による勤務の申出

　週休3日制による勤務を希望する社員は、あらかじめ会社に申し出るものとします。

様式例　週休3日制選択届

○○年○○月○○日	
取締役社長殿　　　　　　　　　　　　　　　　　　　　　　　　　○○部○○課○○○○	
週休3日制選択届	
週休3日制の期間	
その他	
以上	

(2) 適用の除外者

　週休3日制は、社会的にまだ普及していません。このため、次に掲げる者は週休3日制を選択できないものとするのが現実的でしょう。

・課長以上の管理職
・役員秘書
・総務部に所属する者
・営業部に所属する者
・その他週休3日制がなじまない業務に従事する者

(3) 週休3日制による勤務の期間

　週休日についての考えは、変化する可能性があります。はじめは、週休3日制がよいと考えていても、「少し時期が早い」と考えるようになるかもしれません。そこで、週休3日制によって勤務できる期間を定めるのが現実的でしょう。ただし、その期間は、希望すれば延長できるものとします。

(4) 週休日

　週休日を決めます。例えば、次のとおりとします。

・日曜日

・土曜日

・本人が申し出た曜日

(5)　出勤日の勤務時間

　週休 2 日制社員とのバランスを取るため、出勤日の勤務時間は10時間とし、始業時刻、終業時刻を定めます（週休 3 日制の社員は、いわゆる「変形労働時間制によって勤務することになります）。

3　モデル規程

選択型週休 3 日制度規程

（総則）

第 1 条　この規程は、選択型週休 3 日制度について定める。

（週休 3 日制による勤務）

第 2 条　社員は、あらかじめ会社に申し出ることにより、週休 3 日制によって勤務することができる。ただし、次に掲げる者は、除くものとする。

　(1)　課長以上の管理職

　(2)　役員秘書

　(3)　総務部に所属する者

　(4)　営業部に所属する者

　(5)　その他週休 3 日制がなじまない業務に従事する者

（週休 3 日制による勤務の期間）

第 3 条　週休 3 日制によって勤務できる期間は、1 回の申出につき 1 ヶ月以上、6 ヶ月以内とする。

2　社員は、週休 3 日制の勤務期間を延長することができる。

3　1 ヶ月の初日は 1 日、終了日は末日とする（1 〜末日）。

（申出期限）

第4条　週休3日制によって勤務することを希望する者は、前月の20日までに、申し出なければならない。

（週休日）

第5条　週休3は、次のとおりとする。

　⑴　日曜日

　⑵　土曜日

　⑶　本人が申し出た曜日

（勤務時間）

第6条　出勤日の勤務時間は、次のとおりとする。

　　（勤務時間）午前9時〜午後8時

（時間外勤務）

第7条　午後8時以降の勤務を時間外勤務とする。遅刻した日については、10時間を超える勤務を時間外勤務とする。

2　健康のため、できる限り時間外勤務をしないように努めなければならない。

（通常勤務への復帰）

第8条　あらかじめ届け出た期間が終了したときは、通常勤務（1日8時間・週休2日制）に復帰するものとする。

（付則）

この規程は、○○年○月○日から施行する。

第5節

勤務時間インターバル制度

 ## 1　制度の趣旨

　一般に、仕事の量には時期によって波があります。仕事の量が多くて忙しい時期もあれば、仕事が比較的に少ない時期もあります。

　仕事がきわめて多いときは、夜遅くまで残業（時間外勤務）をしなければなりません。終身雇用の下では、残業はある程度やむを得ないこととされてきましたが、夜9時、10時、あるいはそれよりも遅い時間まで残業し、さらに翌日定時までに出勤するというのは、大変なことです。残業による身体的・精神的な疲労、短い睡眠時間、出勤時の交通混雑が身体と精神に大きな負担を与えます。

　残業が深夜に及んだ場合に、社員が希望すれば、翌日遅く出勤することを認める制度を「勤務時間インターバル制度」といいます。社員の健康を確保するための現実的な措置といえます。

 ## 2　制度の設計

⑴　インターバルの設定

　はじめに、

・インターバル制度を利用できる残業時刻

・インターバルの時間

を決めます。例えば、「社員は、時間外勤務の終了時間が午後10時以降に及んだときは、時間外勤務の終了時刻と翌日の始業時刻との間に12時間前後のインターバル（間隔）を置くことができる」と定めます。

図表　翌日の出勤時刻（インターバル12時間の場合）

・夜９時まで残業➡翌日９時に出勤
・夜10時まで残業➡翌日10時に出勤
・夜11時まで残業➡翌日11時に出勤
・夜12時まで残業➡翌日12時に出勤

⑵　給与の取り扱い

　社員がインターバルを置くことによって生じた不就業時間（所定の始業時刻から実際の始業時刻までの時間）については、給与の控除は行わないものとします。

3　モデル規程

勤務時間インターバル規程

（総則）

第1条　この規程は、勤務時間インターバル制度について定める。

（適用対象者）

第2条　この規程は、すべての社員に適用する。

（インターバルの設定）

第3条　社員は、時間外勤務の終了時間が午後10時以降に及んだときは、時間外勤務の終了時刻と翌日の始業時刻との間に12時間前後のインターバル

（間隔）を置くことができる。

（給与の取り扱い）

第4条　会社は、社員がインターバルを置くことによって生じた不就業時間（所定の始業時刻から実際の始業時刻までの時間）について、給与の控除は行わない。

（部下への奨励）

第5条　役職者は、部下の健康確保のため、部下に対してこの制度の利用を積極的に奨励しなければならない。

（付則）

この規程は、○○年○月○日から施行する。

第**3**章

多様化する休暇・休職制度

第１節

選択型クリエイティブ
休暇制度

 1　制度の趣旨

⑴　社員の自己啓発と会社の競争力

　ビジネスの国際化・グローバル化が進んでいる中で、社員が外国語を習得することの必要性が高まっています。商品の輸出入や、部品・原材料の海外からの調達など、海外関係の業務に従事する社員だけが外国語をマスターしていればよく、それ以外の業務を担当する社員が外国語を知らなくても差し支えないという時代ではありません。

　外国語を使える社員が多ければ多いほど、会社のビジネスチャンスが増え、対外的な競争力が強化されます。

　また、職業については、実にさまざまな資格が設けられています。その数は数千にも上るといわれています。国が認定している資格もあれば、民間団体が設けているものもあります。資格を習得している社員が多ければ多いほど、会社の競争力が強まります。取引先や消費者の信用も高くなります。商品やサービスの質も向上します。

⑵　自己啓発の支援の方法

　外国語の習得や資格の取得には、金銭と時間が必要です。しかし、

会社にとってもメリットのあることですから、一定の援助をすることが望ましいといえます。

　　・どのような外国語を習得するか

　　・どのような職業資格を取得するか

は、社員自身の選択に委ね、その目的の達成に必要な休暇を付与するという制度を「選択型クリエイティブ休暇制度」といいます。

図表　選択型クリエイティブ休暇制度の効果

・社員の自己啓発活動を促進できる
・職場の活性化を図れる
・外国語のできる社員、資格を持った社員が増加することにより、間接的に会社の競争力が強化される

 2　制度の設計

(1)　適用対象者

　この制度の趣旨は、社員の自己啓発活動の支援にあります。したがって、すべての社員に適用するこのが望ましいといえます。

(2)　支援の対象

　支援する自己啓発の対象を特定します。一般的には、次のものが考えられます。

　　・外国語の習得

　　・職業資格の取得

(3)　休暇の日数

　休暇の日数を定めます。例えば、「1年度（4月〜翌年3月）につき10日」というように、具体的に定めます。

⑷　休暇の届出

　休暇を取得するときは、前日までに次の事項を届け出るものとします。

- ・休暇の月日
- ・休暇の目的

様式例　クリエイティブ休暇届

○○年○○月○○日 取締役社長殿 　　　　　　　　　　　　　　　　　　　　　　　　　　　　　　○○部○○課○○○○	

クリエイティブ休暇届

月日	
休暇の目的	
備考	

　　　　　　　　　　　　　　　　　　　　　　　　　　　　　　　　　　　以上

⑸　給与の取り扱い

　クリエイティブ休暇を有給扱いとするか、無給扱いとするかを定めます。いずれを採用するかはそれぞれの会社の自由ですが、外国語の習得にしても、職業資格の取得にしても、その成果は会社に還元されます。したがって、有給扱いとするのが好ましいといえます。

⑹　成果の報告

　社員は、この制度を利用して外国語を習得したときは、その語学名を、職業資格を取得したときは、その資格名を会社に報告するものとするのがよいでしょう。

様式例　クリエイティブ活動の成果届

取締役社長殿	○○年○○月○○日 ○○部○○課○○○○

クリエイティブ活動の成果届

習得した外国語・取得した 職業資格	
習得・取得の年月日	
備考	

以上

⑺　人事記録への登載

　会社は、報告のあった語学名または資格名をその社員の人事記録に登載し、人事異動その他の人事管理の参考情報として活用するのがよいでしょう。

 ## 3　モデル規程

クリエイティブ休暇規程

（総則）

第1条　この規程は、クリエイティブ休暇制度について定める。

（適用対象者）

第2条　この規程は、すべての社員に適用する。

（クリエイティブ休暇の取得）

第3条　社員は、次の活動をするときは、年次有給休暇とは別に休暇を取得することができる。

　⑴　外国語の習得

　⑵　職業資格の取得

（休暇の日数）

第4条　休暇の日数は、1年度（4月～翌年3月）につき10日とする。

（届出事項）

第5条　休暇を取得するときは、前日までに次の事項を届け出なければならない。

　⑴　休暇の月日

　⑵　休暇の目的

　⑶　その他必要事項

（給与の取り扱い）

第6条　休暇は有給とする。

（繰り越し）

第7条　休暇を翌年度に繰り越すことはできない。

（成果の報告）

第8条　社員は、この制度を利用して外国語を習得したときは、その語学名を、職業資格を取得したときは、その資格名を会社に報告しなければならない。

（人事記録への登載）

第9条　会社は、報告のあった語学名または資格名をその社員の人事記録に登載し、人事異動その他の人事管理の参考情報として活用する。

（付則）

この規程は、○○年○月○日から施行する。

第2節

リフレッシュ休暇制度

 1　制度の趣旨

⑴　変化する仕事と働き方

　現代は、変化の激しい時代です。考え方やコンセプトは、常に変化しています。科学技術も、進歩、イノベーションが進んでいます。このような動きを受けて、働き方や仕事の進め方も、変化しています。

　オンラインによる会議や打ち合わせの日常化や、テレワークの拡大は、働き方や仕事の進め方の変化を示す1つの象徴といえるでしょう。

　変化の激しい時代において、長く職業生活を続けていくためには、常に心身をリフレッシュしておく必要があります。心身をリフレッシュしておけば、社会の変化に十分対応できるというほど甘いものではないと思いますが、心身のリフレッシュはきわめて重要です。

⑵　リフレッシュの必要性

　長く会社生活をしていると、考え方や行動がマンネリになります。自分では「まだまだビジネスの第一線で活躍できる」と自負していても、周囲から見ると、少し時代遅れと映ることもあります。

　勤続が一定年数経過した社員に対して、リフレッシュのための休暇

を与える制度を「リフレッシュ休暇制度」といいます。

図表　リフレッシュ休暇制度の効果

> ・社員（特に中高年社員）の活性化を図れる
> ・職場の活力を保つことができる。高齢化に伴う活力の低下を防げる
> ・会社の若さを保持することができる

 ## 2　制度の設計

(1)　適用対象者

　心身のリフレッシュは、どの社員にも必要なことです。一部の社員だけが必要で、それ以外の者は必要がないという性格のものではありません。このため、すべての社員に適用することが望ましいといえます。

(2)　リフレッシュ休暇の付与の条件

　休暇の付与については、
　　・勤続年数を基準とする
　　・年齢を基準とする
の2つがあります。
　いずれの場合にも、その条件を定めます。
　勤続年数を基準とするときは、例えば、次のように決めます。
　勤続10年、15年、20年、25年、30年、35年

様式例　リフレッシュ休暇の付与通知書

○○年○月○日

○○部○○課○○○○様

取締役社長

リフレッシュ休暇の付与について（お知らせ）

　あなたに下記のとおりリフレッシュ休暇を付与します。この機会を利用して心身のリフレッシュを図ってください。

付与日	
休暇の日数	
休暇の有効期間	

以上

(3)　休暇の日数

　休暇の日数については、

　　・一律に決める

　　・勤続年数または年齢に応じて決める

の2つがあります。

(4)　休暇の使い方

　休暇の使い方は、各人の自由とするのがよいでしょう。

(5)　取得期限

　休暇の取得期間を定めるのがよいでしょう。例えば、「所定の勤続年数に達した日から1年以内」とします。

(6)　休暇の届出

　休暇を取得するときは、あらかじめ届け出るものとします。

様式例　リフレッシュ休暇届

○○年○○月○○日

取締役社長殿

○○部○○課○○○○

リフレッシュ休暇届

取得期間	
休暇の使い方	
備考	

以上

⑺　給与の取り扱い

休暇を有給とするか、無給とするかを定めます。

3　モデル規程

リフレッシュ休暇規程

（総則）

第1条　この規程は、心身のリフレッシュのための休暇制度（リフレッシュ休暇制度）について定める。

（適用対象者）

第2条　この規程は、すべての社員に適用する。

（リフレッシュ休暇の付与）

第3条　会社は、次の勤続年数に達した社員に、年次有給休暇とは別に心身のリフレッシュを図るための休暇を付与する。

　　　勤続10年、15年、20年、25年、30年、35年

（休暇の日数）

第4条　休暇の日数は、それぞれの勤続年数ごとに10日とする。

（休暇の使い方）

第5条　休暇の使い方は、各人の自由とする。

（取得期限）

第6条　休暇は、所定の勤続年数に達した日から1年以内に取得しなければ
　　ならない。

2　1年以内に取得しなかったときは、権利を失う。

（届出事項）

第7条　休暇を取得するときは、開始日の1週前までに次の事項を届け出な
　　ければならない。

　⑴　休暇の期間

　⑵　休暇の過ごし方

　⑶　その他必要事項

（給与の取り扱い）

第8条　休暇は有給とする。

（付則）

この規程は、○○年○月○日から施行する。

第３節

選択型ボランティア 休暇制度

 ## 1　制度の趣旨

　社員がボランティア活動をすることは、会社にとってもよいことです。ボランティア活動のための休暇を年休とは別に付与する制度が「ボランティア休暇制度」です。

　ボランティア休暇制度は、会社の社会貢献活動の１つであると、評価できるでしょう。

 ## 2　制度の設計

(1)　ボランティア活動の範囲

　休暇を付与する活動の範囲を定めるのが現実的でしょう。

図表　ボランティア活動の範囲

・自然災害による被災地の後片付け、復旧活動 ・社会福祉施設における奉仕 ・その他のボランティア活動

⑵　休暇の日数

　休暇の日数を定めます。例えば、「1年度（4月〜翌年3月）につき10日」と定めます。

⑶　会社への届出

　休暇を取得するときは、前日までに届け出るものとします。

様式例　ボランティア休暇届

		○○年○○月○○日
取締役社長殿		
		○○部○○課○○○○

ボランティア休暇届

休暇月日	
休暇の目的	
備考	

以上

⑷　給与の取り扱い

　休暇を有給とするか、無給とするかを定めます。

3　モデル規程

ボランティア休暇規程

（総則）

第1条　この規程は、ボランティア休暇制度について定める。

（適用対象者）

第2条　この規程は、すべての社員に適用する。

（ボランティア休暇の付与）

第3条　会社は、社員が自主的に次の活動をするときは、年次有給休暇とは別に休暇を付与する。

　(1)　自然災害による被災地の後片付け、復旧活動

　(2)　社会福祉施設言おける奉仕

　(3)　その他のボランティア活動

（休暇の日数）

第4条　休暇の日数は、1年度（4月〜翌年3月）につき10日とする。

（届出事項）

第5条　休暇を取得するときは、前日までに次の事項を届け出なければならない。

　(1)　休暇の月日

　(2)　休暇の目的

　(3)　その他必要事項

（社員の心得）

第6条　社員は、安全と健康に十分配慮してボランティア活動を行わなければならない。

（給与の取り扱い）

第7条　休暇は無給とする。

（繰り越し）

第8条　休暇を翌年度に繰り越すことはできない。

（付則）

この規程は、○○年○月○日から施行する。

第4節

選択型リカレント
休職制度

 ## 1　制度の趣旨

　人文科学にしても、自然科学にしても、学問は絶えず進歩しています。会社の第一線で活躍を続けるためには、大学や研究機関で行われている最新の研究に触れること、最新の研究成果を吸収することが必要不可欠です。

　若い社員の中には、「大学か、研究機関に通って勉強したい」「大学、研究機関の最新の動きに触れたい」と希望している者が少なくないといわれます。若い社員が1年か2年程度、会社を離れて、大学もしくは研究機関に通って勉強することは、会社にとっても、好ましいことです。

　「選択型リカレント休職制度」は、若い社員に対して、一定期間、大学または研究機関で勉強することを認めるという自己啓発制度です。勉学先は、本人の選択に委ねます。一定の期間が経過したら再び会社に戻って、仕事をしてもらいます。

図表　選択型リカレント休職制度の効果

・若い社員の自己啓発意欲、勉学意欲を満たすことができる
・若い社員の勤労意欲の向上を図れる
・人材の育成を図れる
・会社として、若い社員が習得した最新の大学等の研究の成果を利用する
　ことができる

 ## 2　制度の設計

(1)　休職できる社員の範囲

　リカレント休職は、新しい学問や知識を習得する目的で、一定期間会社を休職して大学等に通うという制度です。したがって、一定期間勤続している社員に適用するのが適切でしょう。

(2)　休職期間

　休職できる期間を定めます。一般的には、１、２年程度とするのが現実的でしょう。

(3)　会社への届出

　休職するときは、開始日の一定期間前までに、大学等の名称・所在地、休職期間等を会社に届け出るものとします。

様式例　リカレント休職届

○○年○○月○○日

取締役社長殿

○○部○○課○○○○

リカレント休職届

1	大学等の名称	
2	所在地	
3	上記大学等の選択理由	
4	主たる勉学内容	
5	休職期間	
6	休職中の住所	
7	その他	

誓約事項

1　休職中は、勉学先の規則を遵守し、勉学に専念します。
2　休職期間が満了したときは復職します。

以上

⑷　大学等の選択

　勉学先の大学等については、本人の選択に委ねるのが現実的でしょう。

⑸　給与の取り扱い

　社員の立場からすると、休職中も給与が支給されることが望ましいでしょう。しかし、休職中は勉学に専念し、会社の業務は行いません。このため、休職を無給扱いとするのもやむを得ないでしょう。

⑹　リカレント休職支援金の貸付と返済の免除

　大学等で勉学するには、入学金、授業料、教材費、参考書代などが

必要になります。また、当然のことですが、勉学中も生活費（食糧費、衣料費、住居費、光熱費等）がかかります。自宅と大学等の間の交通費も必要になります。

　大学等で勉学した社員が復職し、習得した最新の学問や知識や技術を業務で活用すれば、会社は大きなメリットを得ることができます。

　このため、会社として、休職者に対して何らかの支援策を講ずるのがよいでしょう。

　例えば、一定の金額を貸し付け、復職後一定期間勤務したときは、その貸付金の返済を免除します。

3　モデル規程

リカレント休職規程

（総則）

第1条　この規程は、リカレント休職制度の取り扱いについて定める。

2　リカレント休職制度とは、大学等において勉学するために一定期間休職する制度をいう。

（目的）

第2条　リカレント休職制度は、次の目的のために実施する。

　⑴　社員の知識を広め、能力開発を図ること

　⑵　多様な働き方に対する社員のニーズに対応すること

（休職できる社員の範囲）

第3条　勤続年数が満5年以上の者は、会社に申し出ることにより休職をすることができる。

（休職期間）

第4条　休職できる期間は、2年以内とする。

（会社への届出）

第5条　休職するときは、開始日の3ヶ月以上前までに、次の事項を会社に申し出なければならない。

⑴　休職の開始日、終了日

⑵　勉学先の名称、所在地

⑶　勉学の内容

⑷　その他必要事項

（大学等の範囲）

第6条　勉学先の大学等は、問わないものとする。

（給与の取り扱い）

第7条　休職中は、給与は支給しない。

（リカレント休職支援金の貸付）

第8条　本人が希望するときは、休職中、リカレント休暇支援金を貸し付ける。

2　リカレント休職支援金は、基本給相当額とする。

3　支援金は、復職後4年以内に返済しなければならない。

（返済の免除）

第9条　前条第3項の定めにかかわらず、貸付を受けた社員が復職後3年以上継続して勤務したときは、リカレント休職支援金の返済を免除する。

（復職）

第10条　休職期間が終了したときは、復職しなければならない。

2　復職先は、原則として休職前の職場とする。

（勤続年数の取り扱い）

第11条　勤続年数の取り扱いにおいて、休職期間は通算しない。

（付則）

この規程は、○○年○月○日から施行する。

第5節

年休取得プラン制度

 1　制度の趣旨

　年次有給休暇（年休）は、労働に伴う身体的・精神的疲労の回復、個人生活の充実などに当てられる休暇です。周知のように、労働基準法は、労働者の勤務族年数に応じて一定日数の年休を付与することを使用者に義務付けています。

　年休制度の趣旨から判断すると、社員は、予測しがたい事態のために数日の年休を残し、残りのほとんどを取得することが理想です。しかし、実際には、「仕事が忙しい」「休むと後で忙しくなる」「同僚に迷惑を掛ける」などの理由で、取得日数が少ないのが現状です。

　社員の健康の確保、個人生活の充実、さらには、明るく活力のある職場の形成という観点からすると、会社は、年休の取得率の向上に積極的・計画的に取り組むことが必要です。

　年休の取得率の向上には、いくつかの方策がありますが、その1つが「取得プランの作成」です。すなわち、あらかじめ「何月に何日年休を取得するか」という計画を立て、その計画に沿って年休を計画的に取得することです。

図表　年休の取得率の改善策

・会社が時季を指定して年休を付与する（年休を10日以上付与されている
　者について、5日は時季を指定して付与する）（労働基準法による）
・労使協定を結び年休を計画的に付与する（労働基準法による）
・年休を組み入れた形で連続休暇を実施する
・年休取得月間を設ける
・役職者が率先して年休を取得する
・半休制度を実施する
・その他

 2　制度の設計

(1)　適用対象者

　この制度は、社員の健康の確保、個人生活の充実を目的として行われるものです。したがって、すべての社員を対象として実施するのが望ましいといえます。

(2)　年休取得プランの作成

　社員に対して、年休の取得計画を立て、これを会社に提出することを求めます。

　取得プランは、次のものを踏まえて作成するように求めます。

　　・業務の繁閑
　　・前年度の年休の取得実績
　　・その他

様式例　年休取得プラン

<table>
<tr><td colspan="4">○○年○○月○○</td></tr>
</table>

取締役社長殿

○○年○○月○○

○○部○○課○○○○

年休取得プラン

月	取得日数	月	取得日数
4		10	
5		11	
6		12	
7		1	
8		2	
9		3	
＊＊	＊＊	計	

以上

(3)　年休の計画的取得

　社員に対して、自らが作成したプランに従って計画的に年休を取得するように努めることを求めます

(4)　年休の取得状況の公表

　年休取得に対する社員の関心を高めるという点からすると、年度が終了した時点において、個人別の取得実績を発表するのがよいでしょう。

様式例　個人別の年休取得実績

氏名	年度の保有日数	取得日数	取得率	備考

 3　モデル規程

年休取得プラン規程

（総則）

第1条　この規程は、年休の取得プラン制度について定める。

2　この制度は、年休の取得率を高め、社員の健康の確保と生活の向上を図る目的で実施する。

（適用対象者）

第2条　この規程は、すべての社員に適用する。

（年休取得プランの作成）

第3条　4月1日時点において年休の保有日数（前年度からの繰り越し分を含む）が10日以上の者は、5日を超える部分についてその取得計画を作成し、これを人事部に提出するものとする。

2　取得プランは、次のものを踏まえて作成する。

（1）　業務の繁閑

（2）　前年度の年休の取得実績

（3）　その他

（年休の計画的取得）

第4条　社員は、自らが作成したプランに従って計画的に年休を取得するように努めなければならない。

（年休の取得奨励）

第5条　役職者は、部下に対して、年休を計画的に取得するよう、奨励しなければならない。

（取得実績の発表）

第6条　会社は、年度が終了したときは、各人別の年休の取得実績を発表する。

（付則）

この規程は、○○年○月○日から施行する。

第6節
選択型失効年休積立・取得制度

 1　制度の趣旨

　年休の時効は2年とされています。付与された日から2年の間に使用しないと、その権利は無効になります。

　年休制度の趣旨からすると、年休を有効期間中に使い切るのが理想です。しかし、現実には年休を使い残す人が相当多いのが実情です。

　時効となる年休を積み立てておき、一定の事情が生じたときに取得を認めるというのが年休積立・取得制度です。

 2　制度の設計

(1)　適用対象者

　この制度の目的は、有効期間中に使われなかった年休を有効に活用することにあります。したがって、すべての社員に適用することが望ましいといえます。

(2)　積立可能な日数の限度

　年休は、その有効期間中に使用することが原則です。積立は、例外

的な措置です。このため、積み立てることのできる失効年休の日数について上限を設けるのが適切でしょう。

(3)　総積立日数の限度

積み立てることのできる総日数についても、上限を設けるのが適切でしょう。

(4)　積み立てた年休の使途

積み立てた年休の使途を定めます。例えば、図表に示すように定めます。

図表　積み立てた年休の使途

①　私傷病の治療
②　家族の看護、介護
③　資格の取得
④　定年退職後の再就職または独立自営の準備
⑤　その他

(5)　取得の単位

取得日数について、一定の単位を設けるのが現実的でしょう。

(6)　通常の年休との関係

積み立てた年休は、その時点において保有する年休の日数が一定日数以下（例えば、5日以下）になってから使用するものとします。

(7)　届出

積み立てた年休を取得するときは、取得日の一定日数前（例えば、3日前）までに届け出るものとします。

様式例 積立年休取得届

	○○年○○月○○日
取締役社長殿	
	○○部○○課○○○○

積立年休取得届

取得月日・取得日数	
取得目的	
備考	

以上

(8) 年休積立の記録

会社は、社員別に積立日数を記録しておきます。

様式例 年休積立記録

年休積立簿

		(氏名)	(氏名)	(氏名)	(氏名)
○○年度	積立日数				
	取得日数				
	残日数				
○○年度	積立日数				
	取得日数				
	残日数				

以上

3　モデル規程

失効年休積立・取得規程

（総則）

第1条　この規程は、失効年休の積立・取得制度について定める。

（適用対象者）

第2条　この規程は、すべての社員に適用する。

（失効年休の積立）

第3条　社員は、会社に申し出れば、権利発生後2年の間に取得しなかったために時効となり消滅する年休を積み立てて、必要が生じたときにこれを使用することができる。

（積立可能な日数の限度）

第4条　積み立てることのできる失効年休の日数は、1年度につき10日を限度とする。

（総積立日数の限度）

第5条　積み立てることのできる総日数は70日を限度とする。

（積み立てた年休の使途）

第6条　積み立てた年休の使途は、次のいずれかとする。

　(1)　私傷病の治療

　(2)　家族の看護、介護

　(3)　資格の取得

　(4)　定年退職後の再就職または独立自営の準備

　(5)　その他会社が認めるもの

（取得の単位）

第7条　積み立てた年休は、5日を単位として取得するものとする。

（通常の年休との関係）

第8条　積み立てた年休は、その時点において保有する年休の日数が5日以

下になってから使用するものとする。

（届出）

第9条　積み立てた年休を取得するときは、取得日の3日前までに、次の事項を会社に届け出なければならない。

⑴　取得日

⑵　取得目的

⑶　その他必要事項

（積立の記録）

第10条　会社は、社員別に、年休の積立日数を記録しておく。

（付則）

この規程は、○○年○月○日から施行する。

業務と進路の選択

第1節

業務申告制度

 1　制度の趣旨

(1)　仕事に対する希望

　社員は誰でも「自分の能力と性格に合った仕事をしたい」「興味が持てる仕事をしたい」あるいは「自分の能力を伸ばせる仕事をしたい」という思いを持っています。「給料がもらえればどんな仕事でも構わない」と考えている人はきわめて少ないでしょう。

　仕事をする時間は、日中の時間の大半を占めます。1時間か2時間で終わるというものではありません。社員が自分の能力と性格にマッチした仕事を希望するのは当然のことでしょう。

　会社では、さまざまな仕事が行われ、さまざまな社員が働いています。すべての社員が現在の仕事に満足し、充実した気持ちで仕事に取り組むことが理想ですが、中には、現在の仕事に不満を持っている社員もいるでしょう。

図表　仕事についての希望

・自分の能力と性格に合った仕事をしたい
・興味が持てる仕事をしたい
・変化に富んだ仕事をしたい
・将来性のある仕事をしたい
・お客と接触できる仕事をしたい
・その他

(2)　業務申告制の内容と目的

社員が働きがいを感じられる職場を実現・形成することは、会社の大きな責任であり、重要な役割です。また、多くの社員がその能力と性格にマッチした仕事に従事することにより、会社の競争力が強化されます。

業務申告制度は、定期的に、社員自身に

・現在の仕事をどのように評価しているか

・どのような仕事を希望するか

などを申告させ、申告によって得られた情報を人事異動に活用するというものです。

図表　業務申告制度の目的

①　社員が自己の能力と適性にふさわしい業務に従事し、自己の能力と適性を最大限に発揮できる職場を形成すること
②　適材適所により、生産性と仕事の質を向上させること
③　職場の活性化を図ること。活力のある職場を形成すること

2　制度の設計

(1)　適用対象者

　この制度は、適材適所を実現するためのものです。したがって、できる限り広い範囲の社員を対象とするのが望ましいといえます。

(2)　実施頻度

　実施の頻度を決めます。毎年定期的に実施するのが望ましいでしょう。

(3)　申告内容

　申告内容は、図表のとおりとすることが考えられます。

図表　申告内容

①　担当業務の内容と従事年数
②　担当業務の評価（適性との合致性、能力の発揮度、業務への興味の程度、業務の充実感、業務の満足度）
③　従事したい業務の内容とその理由
④　その他

(4)　人事異動への活用

　会社は、4月の定期人事異動において社員の申告内容を活用します。

(5)　申告の方法

　申告は、所定の「業務申告書」によって行わせるのがよいでしょう。

様式例　業務申告書

○○年○月○日

取締役社長殿

○○部○○課○○○○

業務申告書

1　現在の担当業務の内容	
2　現在の業務の担当年数	
3　現在の業務の評価	①自己の性格との合致性 □性格に合っている　□あまり性格に合っていない　□性格に合っていない ②能力の発揮度 □能力を発揮できる　□あまり発揮できていない　□能力を発揮できない ③仕事への興味 □興味が持てる　□あまり持てない　□興味が持てない ④仕事の量 □多すぎる・忙しすぎる　□ちょうどよい　□少なすぎる・時間が余る ⑤仕事の充実感 □充実している　□あまり充実していない　□充実していない
4　現在の業務の継続希望	□今後も長く現在の仕事を担当したい □1、2年は現在の仕事を担当し、その後他の仕事に代わりたい □できる限り早く他の仕事に代わりたい
5　人事異動の希望（他の仕事に代わりたいと希望する者のみ）	①代わりたいと思う理由 ➡ ②代わりたい仕事の内容 ➡ ③異動の時期 ➡
6　その他（自由記入欄）	

以上

(6)　申告者等との面談

　申告の内容を確認するために、必要であると認めるときは、申告者本人またはその上司、あるいはその双方との面談を行うのがよいでしょう。

(7)　人事異動等への活用

　会社は、申告によって得られた情報を人事異動や研修等に活用します。

3　モデル規程

業務申告規程

（総則）

第1条　この規程は、業務申告制度について定める。

（制度の目的）

第2条　業務申告制度は、次の目的で実施する。

　(1)　社員が自己の能力と適性にふさわしい業務に従事し、自己の能力と適性を最大限に発揮できる職場を形成すること

　(2)　適材適所により、生産性と仕事の質を向上させること

　(3)　職場の活性化を図ること

（適用対象者）

第3条　この制度は、すべての社員に適用する。ただし、次に掲げる者は除く。

　(1)　勤続1年以下の者

　(2)　役職者

（申告内容）

第4条　社員は、毎年1月に次の事項を申告する。

　(1)　担当業務の内容と従事年数

　(2)　担当業務の評価（適性との合致性、能力の発揮度、業務への興味の程度、業務の充実感、業務の満足度）

　(3)　従事したい業務の内容とその理由

　(4)　その他

（役職者の禁止事項）

第 5 条　役職者は、部下の申告について口を出してはならない。

（申告者との面談の実施等）

第 6 条　会社（人事部）は、社員の申告内容を確認するために必要であると
　　認めるときは、次のいずれか 1 つ、または 2 つを行う。

　⑴　本人との面談

　⑵　役職者との面談

（人事異動への活用）

第 7 条　会社は、4 月の定期人事異動等において社員の申告内容を活用する。

（付則）

この規程は、○○年○月○日から施行する。

第2節

ジョブ・リクエスト制度

1　制度の趣旨

　会社では、さまざまな仕事が行われています。社内で行われている仕事について、

　　・その仕事をするには、どのような能力、資質が必要か

　　・その仕事の遂行には、どのような難しさがあるか

　　・その仕事は、他の部門の業務とどのようにかかわっているか

などを知るには、ある程度の勤続が必要です。

　勤続1、2年では、一般的に各部門の業務の特質と重要性を理解することは困難です。

　ジョブ・リクエスト制度は、社内の業務の実情を知っていると判断される者に対して、希望する業務を申告させ、できる限りその希望を叶えるという人事制度です。

図表　ジョブ・リクエスト制度の効果

・人材の有効活用を実現できる
・職場の活性化を図れる
・風通しの良い社内風土を形成できる
・中堅社員の意識変革を図れる

2　制度の設計

(1)　ジョブ・リクエストの条件

　この制度は、社内の実情と自己の職業的力量を知っていると判断される者に対して、希望する業務を申告させるというものです。リクエストの条件には、いくつかの決め方があります。

図表　リクエストの条件の決め方

---

①　勤続年数を基準とする（例えば、勤続5、10年の者）

②　勤続年数と年齢を基準とする（例えば、勤続5年以上、かつ28歳以上の者）

③　資格等級を基準とする（例えば、資格等級が社員4級、5級の者）

④　業務経験年数を基準とする（例えば、1つの業務を4年以上経験した者）

---

(2)　申告先

　申告先は、人事部とします。

(3)　申告の方法

　希望する業務の申告は、所定のジョブ・リクエストシートによって行わせるのがよいでしょう。

様式例　ジョブ・リクエスト届

	希望業務	希望する理由	備考
第1希望			
第2希望			

〇〇年〇月〇日

取締役社長殿

〇〇部〇〇課〇〇〇〇

ジョブ・リクエスト届

以上

⑷　人事異動

　他の業務を希望した社員について、異動命令を出し、新しい業務を担当させます。もしも経営上の都合で人事異動ができないときは、本人に対してその事情を説明し、理解を求めます。

3　モデル規程

ジョブ・リクエスト規程

（総則）

第1条　この規程は、ジョブ・リクエスト制度について定める。

（制度の目的）

第2条　この制度は、人材の有効活用により、働きがいの向上と職場の活性化を図る目的で実施する。

（適用対象者）

第3条　この規程は、すべての社員に適用する。

（希望業務の申出）

第4条　社員は、次の勤続年数に達した直後の2月1日に、会社（人事部）
　　に対して希望する業務を申し出ることができる。

　　　　勤続5年、10年

（人事異動）

第5条　会社は、本人の申出を最大限尊重して人事異動を行う。

2　経営上の必要性により、本人の希望を叶えることができないときは、本
　　人にその旨を説明する。

（発令時期）

第6条　希望する業務への発令は、4月1日付で行う。

（転勤規程の適用）

第7条　新しい業務への異動により居住地の変更が必要になる場合、異動の
　　期限は「転勤規程」の定めるところによる。

（付則）

この規程は、○○年○月○日から施行する。

第 3 節

社内公募制度

 ## 1　制度の趣旨

　多くの会社は、人事異動を行っています。規模がある程度大きい会社は、定期的に人事異動を行っています。一般に 3 月と 9 月が人事異動の時期であるといわれています。

　人事異動は、人事部が社員一人ひとりの能力・適性、過去のキャリア、各部門の人手の過不足、などを総合的に評価して人事異動のプランを作成し、社長の承認を得て発令するのが一般的です。

　これに対して、会社の方で、業務の内容やその業務に必要な能力などを示したうえで、担当者を社内から広く募集する制度を「社内公募制度」といいます。応募者について、その能力や意欲などを審査したうえで、担当者を決定します。

　社内公募に応募するかしないかは、社員の自由です。社内公募制度は、選択型人事制度の代表的なものの 1 つといえます。

図表　社内公募制度の目的

①	社内の人材を有効に活用すること
②	能力と意欲のある社員に対して、その能力と意欲を発揮する機会を与え、職場の活性化を図ること
③	人事制度を社員に開かれたものにし、活力のある社内風土を形成すること
④	挑戦的な社内風土を形成すること

 ## 2　制度の設計

(1)　人事部への申請

　人事異動・配置転換は、一般に人事部の所管です。したがって、社内公募を行うときは、あらかじめ、業務の内容、募集人員、応募の条件、募集期間などを人事部に申請し、その承認を求めるものとします。

様式例　社内公募申請書

　　　　　　　　　　　　　　　　　　　　　　　　　　　○○年○月○日

　人事部長殿

　　　　　　　　　　　　　　　　　　　　　　　　　　　　　○○部長

社内公募申請書

1　業務の内容	
2　業務に必要な資格・免許	
3　応募の条件	
4　募集人員	
5　募集時期	
6　その他	

　　　　　　　　　　　　　　　　　　　　　　　　　　　　　　　以上

(2)　社員への通知と募集

　社内公募について人事部の承認を得たときは、社員に対して業務の内容、業務に必要な資格、募集人員などを通知し、応募者を募集します。なお、募集は、募集部門と人事部とが共同で行うのがよいでしょう。

様式例　社員への社内公募の通知

社員の皆さんへ		○○年○月○日
		○○部長
		人事部長

社内公募について（お知らせ）

1　業務の内容	
2　必要な資格・免許	
3　応募できる条件	
4　募集人員	
5　その他	

　（応募の受け付け）応募される方は、○月○日（○）までに、○○部宛てに応募書を提出してください。
　（問い合わせ先）○○部○○課（担当・○○○○）

以上

(3)　応募書の提出

　選考を公平に行うため、応募者に応募書の提出を求めるのがよいでしょう。

様式例　社内公募への応募書

<table>
<tr><td colspan="2"></td><td>○○年○月○日</td></tr>
<tr><td colspan="2">○○部長殿、人事部長殿</td><td>○○部○○課○○○○</td></tr>
<tr><td colspan="3" align="center">応募書</td></tr>
<tr><td>1</td><td>応募する理由・目的</td><td></td></tr>
<tr><td>2</td><td>公募業務に対する抱負</td><td></td></tr>
<tr><td>3</td><td>私のセールスポイント</td><td></td></tr>
<tr><td>4</td><td>資格・免許</td><td></td></tr>
<tr><td>5</td><td>その他</td><td></td></tr>
<tr><td colspan="3" align="right">以上</td></tr>
</table>

⑷　選考の方法

　選考は、書類審査と面接で行います。書類審査だけ、あるいは面接だけで採否の判定を行うのは、リスクが大きいので避けるべきです。

図表　面接の質問事項

・社内公募に応募した理由、動機は？
・○○の業務（募集業務、以下同じ）に必要な能力は何か？
・その能力の自信は？
・○○の業務を進めていくうえで最も困難な問題は？
・○○の業務に対する抱負は？
・会社生活で大事にしていることは何か？
・健康の自信は？
・ストレスに強いほうか？　ストレス解消法は何か？
・その他

⑸　選考の基準

　選考の基準を明確にしておき、それを関係者の間で共有しておきます。

図表　選考基準

①	募集業務に対する熱意・意欲
②	募集業務への取り組み姿勢に合理性・計画性のあること
③	責任感が強いこと
④	協調性のあること
⑤	ストレス耐性のあること
⑥	健康であること

⑹　登用者の社長承認

　一連の選考を経て公募業務の登用者を決めたときは、社長に報告して承認を得ます。

⑺　辞令の発令

　登用者に対して、人事異動の辞令を出します。

 3　モデル規程

社内公募規程

（総則）

第 1 条　この規程は、人材の社内公募制度について定める。

（制度の目的）

第2条　社内公募制度は、次の目的で実施する。

　⑴　社内の人材を有効に活用すること

　⑵　能力と意欲のある社員に対して、その能力と意欲を発揮する機会を与

　　え、職場の活性化を図ること

　⑶　人事制度を社員に開かれたものにし、活力のある社内風土を形成する

　　こと

（適用部門）

第3条　この制度はすべての部門が利用できる。

（人事部への申出）

第4条　社内公募を希望する部門は、人事部に対して、次の事項を申し出て、

　その承認を得なければならない。

　⑴　業務の内容

　⑵　その業務の遂行について、資格または免許が必要であるときは、その

　　資格・免許

　⑶　応募の条件を設けるときは、その条件

　⑷　募集人員

　⑸　募集時期

　⑹　その他必要事項

（社内公募の実施）

第5条　公募部門は、人事部の承認を得たときは、公募を実施する。

（選考の方法）

第6条　選考は、次の方法による。

　⑴　書類選考

　⑵　面接

（選考基準）

第7条　選考の基準は、次のとおりとする。

　⑴　公募業務に対して熱意・意欲のあること

　⑵　公募業務への取り組みに合理性・計画性のあること

　⑶　責任感が強いこと

　⑷　協調性のあること

　⑸　その他公募業務に必要な条件を満たしていること

（応募）

第8条　社員は誰でも社内公募に応募することができる。ただし、応募について条件が付けられているときは、その条件を満たす者に限る。

2　役職者は、部下が社内公募に応募することを引きとめてはならない。

（登用者の社長承認）

第9条　公募部門と人事部は、選考により登用者を決定したときは、社長の承認を得なければならない。

（応募者への通知）

第10条　公募部門と人事部は、選考結果について社長の承認を得たときは、速やかに応募者に対してその結果を通知する。

（辞令の発令）

第11条　会社は、公募に合格した者に対して、異動辞令を発令する。

2　公募実施部門へ異動した者の補充は、原則として行わないものとする。

（付則）

この規程は、○○年○月○日から施行する。

第4節

進路選択制度
（キャリア形成選択制度）

 1　制度の趣旨

(1) 幹部職の職掌

　多くの会社は、幹部職（上級職）の職掌（役割区分）について、管理職、専門職および専任職という3つ、または管理職と専門職の2つの区分を設けて、その処遇を行っています。

図表　幹部職の職掌

職掌	定義
管理職	部門（部・課・係）の最高責任者として、経営資源（人材等）を有効に活用し、部門の業務目標を達成する職掌
専門職	高度の専門的知識を活用し、専門的知識を必要とする特定の業務（研究開発、システム開発等）を、単独またはチームで遂行する職掌
専任職	豊かな実務知識と経験を踏まえ、部門長から指示された特定の業務（営業・事務・生産等）を確実・効率的に遂行する職掌

⑵　キャリア形成についての考え

キャリア形成についての考えは、社員によって異なります。「会社の決定に無条件で従う」という社員もいれば、「管理職になりたい」という強い意志を持っている者もいます。また、「管理職にはなりたくない。専門職として研究一筋で定年まで過ごしたい」という希望を持っている人もいます。

⑶　進路選択制度の趣旨

キャリア形成は、幹部候補社員として入社した者にとってきわめて重要な問題です。働きがい・生きがいとも、深く結び付いています。したがって、会社が経営上の都合で決定するよりも、本人の意向を尊重して決める方が望ましいといえます。

一定の時期に、将来のキャリア形成についての希望を申告させる制度を「進路選択制度」といいます。この制度もまた、選択型人事制度の代表的なものの1つといえます。

図表　進路選択制度の目的

①　社員の希望する進路を用意し、職業生活の充実、働きがいの向上を図ること
②　適材適所の人事により、業績の向上を図ること
③　職場の活性化を図ること

2　制度の設計

⑴　進路

進路は、次の3つとします。

・管理職コース

・専門職コース

・専任職コース

(2)　進路選択の時期

進路の選択時期の決め方には、勤続年数基準、年齢基準、資格基準などがあります。

図表　進路選択時期の決め方

決め方	例
勤続年数基準	勤続7年目に選択させる
年齢基準方式	30歳になったときに選択させる
資格等級基準方式	社員4級に昇格したときに選択させる

(3)　進路の申告方法

申告は、所定の申告シートを提出させることによって行うのがよいでしょう。

様式例　進路選択届

	○○年○月○日
取締役社長殿	
	○○部○○課○○○○

進路選択届

進路の選択	□管理職コース □専門職コース □専任職コース
上記のコースを選択した理由	

以上

(4)　職位

　各コースの職位を定めます。例えば、次のとおりとします。

・管理職コース➡部長、課長、係長

・専門職コース➡主席、主幹、主任

・専任職コース➡部長待遇、課長待遇、係長待遇

(5)　昇進の評価基準

　各コースとも、次の事項を評価して昇進を決定するものとします。

・業務成績

・業務遂行能力

・業務知識

(6)　進路の変更

　キャリア形成についての考えは、変化することがあります。このため、進路変更の申出があったときは、それを受理します。そして、次の事項を評価してその取り扱いを決定することにします。

・業務成績

・業務遂行能力

・業務知識

様式例　進路変更届

取締役社長殿	○○年○月○日	
	○○部○○課○○○○	
進路変更届		
変更の内容		
変更する理由		
		以上

3　モデル規程

進路選択規程

（総則）

第1条　この規程は、進路選択制度について定める。

（制度の目的）

第2条　進路選択制度は、次の目的で実施する。

　⑴　社員の希望する進路を用意し、職業生活の充実、働きがいの向上を図ること

　⑵　適材適所の人事により、業績の向上を図ること

　⑶　職場の活性化を図ること

（適用対象者）

第3条　この規程は、総合職の社員に適用する。

（進路の選択）

第4条　社員は、勤続7年に達したときに、今後の進路について次の3つのコースの中からいずれかを選択し、これを会社に届け出るものとする。

　⑴　管理職コース　　部門（部・課・係）の最高責任者として、経営資源（人材等）を有効に活用し、部門の業務目標を達成するコース

　⑵　専門職コース　　高度の専門的知識を活用し、専門的知識を必要とする特定の業務（研究開発、システム開発等）を、単独またはチームで遂行するコース

　⑶　専任職コース　　豊かな実務知識と経験を踏まえ、部門長から指示された特定の業務（営業・事務・生産等）を確実・効率的に遂行するコース

（職位）

第5条　各コースの職位は、次のとおりとする。

　⑴　管理職コース　　部長、課長、係長

(2)　専門職コース　　主席、主幹、主任

(3)　専任職コース　　部長待遇、課長待遇、係長待遇

（昇進の評価基準）

第6条　各コースとも、次の事項を評価して昇進を決定する。

(1)　業務成績

(2)　業務遂行能力

(3)　業務知識

（昇進時期）

第7条　昇進は、原則として毎年4月1日付で行う。

（コースの転換）

第8条　社員は、コースの転換を申し出ることができる。

2　転換の申出があったときは、次の事項を評価してその取り扱いを決定する。

(1)　業務成績

(2)　業務遂行能力

(3)　業務知識

（給与の構成）

第9条　給与の構成は、次のとおりとする。

(1)　管理職コース　　基本給、管理職手当、その他の手当

(2)　専門職コース　　基本給、専門職手当、その他の手当

(3)　専任職コース　　基本給、専任職手当、その他の手当

（付則）

この規程は、○○年○月○日から施行する。

第5節

エンジニアの
キャリア形成支援制度

 ## 1　制度の趣旨

　会社は、絶えず新商品の開発、既存の製品の品質・機能の向上、製造コストの削減、生産性の向上、安全の確保に努めていくことが必要です。その努力を怠ると、市場（マーケット）からの敗退を余儀なくされます。

　そのような新商品の開発、既存製品の品質の向上等の業務を行うのはエンジニア（研究者・技術者）です。エンジニアは、どの会社でもきわめて重要な人材です。

　エンジニアのキャリア形成についての考えは、人それぞれです。「会社から命令されれば研究以外の業務（例えば、管理的業務）でもする」という人もいれば「定年までエンジニアとして働きたい。研究以外の業務はしたくない」と考えている人もいます。

　会社は、エンジニアについて、本人の希望に沿ったキャリア形成を行っていくことが必要です。とりわけ、「生涯エンジニアとして過ごしたい」と考えているエンジニアの処遇に留意することが必要です。

図表　終身エンジニア制度の効果

・エンジニアの専門知識、技術を長期にわたって活用できる

・会社の技術力を強化できる

・エンジニアの勤労意欲の向上を図れる

・エンジニアの定着を図れる

2　制度の設計

(1)　エンジニアの進路

　エンジニアとして採用した者の進路を次の2つとします。

図表　エンジニアの進路

終身エンジニアコース	定年退職までエンジニアの業務（基礎研究、応用研究、文献研究）に専念し、研究以外の業務は行わない者のコース
一般エンジニアコース	会社から命令されたときは、技術以外の業務も行うコース

(2)　コースの選択

　勤続が一定年数に達した時点で、いずれのコースを選択するかを申告させます。

様式例　進路選択届

取締役社長殿	○○年○月○日
	○○部○○課○○○○

進路選択届

進路の選択	□終身エンジニアコース
	□一般エンジニアコース
上記のコースを選択した理由	

以上

⑶　終身エンジニアの資格

　終身エンジニアの資格は、その能力に応じ、次のとおりとします。

　主席エンジニア／主幹エンジニア／主任エンジニア／エンジニア1級／エンジニア2級

⑷　支援措置の内容

　終身エンジニアコースを選択した者を支援するための措置を講じます。

図表　終身エンジニアの支援措置

①　エンジニアとしての業務の保証
②　学会への出席の便宜付与
③　自己啓発手当の支給
④　職務発明褒賞金の支給
⑤　定年退職後の再雇用

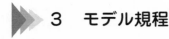

3　モデル規程

エンジニアのキャリア形成支援規程

（総則）

第1条　この規程は、終身エンジニアの処遇制度について定める。

2　「終身エンジニア」とは、入社から定年退職まで、研究（基礎研究、応用研究、文献研究）の業務に専念するエンジニアをいう。

（法令等との関係）

第2条　終身エンジニアの処遇についてこの規程に定めのない事項は、労働法令または就業規則の定めるところによる。

（終身エンジニアの資格）

第3条　終身エンジニアの資格は、その能力に応じ、次のとおりとする。

　　　主席エンジニア／主幹エンジニア／主任エンジニア／エンジニア1級／エンジニア2級

（終身エンジニアの責務）

第4条　終身エンジニアは、自己の責任と役割を自覚し、会社の利益のため、研究業務に精励しなければならない。

（進路の申出）

第5条　エンジニア（技術職）として採用された者は、勤続が5年を経過したときに、今後の進路について次のいずれかを選択し、会社に申し出るものとする。

⑴　終身エンジニアコース　　定年退職までエンジニアの業務（基礎研究、応用研究、文献研究）に専念し、研究以外の業務は行わない者のコース

⑵　一般エンジニアコース　　会社から命令されたときは、技術以外の業務も行うコース

（支援措置の内容）

第6条　会社は、終身エンジニアコースを選択した者（以下、「終身エンジニア」という）を支援するため、次の措置を講じる。

(1)　エンジニアとしての業務の保証

(2)　学会への出席の便宜付与

(3)　自己啓発手当の支給

(4)　職務発明褒賞金の支給

(5)　定年退職後の再雇用

（業務の保証）

第7条　会社は、終身エンジニアに対しては、研究以外の業務は命令しない（研究部門以外の部門には異動を命令せず、役職にも登用しない）。

（学会への出席の便宜）

第8条　終身エンジニアが所属学会の会合に出席するときは、出張扱いとし、出張旅費規程に定める旅費を支給する。

（自己啓発手当の支給）

第9条　終身エンジニアに対して自己啓発手当を支給する（月額）。

主席エンジニア	○万円
主幹エンジニア	○万円
主任エンジニア	○万円
エンジニア1級	○万円
エンジニア2級	○万円

（職務発明褒賞金の支給）

第10条　終身エンジニアが職務に関して特許を取得し、それによって会社が利益を得たときは、職務発明褒賞金を支給する。

（再雇用）

第11条　終身エンジニアが定年退職後において再雇用を申し出たときは、嘱託エンジニアとして再雇用する。

（一般エンジニアへの転換）

第12条　終身エンジニアは、一般エンジニアに転換することができる。

（一般エンジニアの処遇）

第13条　一般エンジニアの処遇については、別に定める。

（付則）

この規程は、○○年○月○日から施行する。

第6節

社内副業制度

 ## 1　制度の趣旨

(1)　一般的な対応

　会社では、仕事が忙しくなり時間内では処理することができなくなった時に、その部門の社員に時間外勤務を命令してその仕事を片付けるのが一般的です。例えば、経理部の場合、決算シーズンは特に仕事の量が増え、時間内では処理しきれなくなります。この場合は、経理部員に時間外勤務を命令して処理します。

(2)　社内副業制度の趣旨

　これに対して、他の部門の社員に対して仕事を依頼し、その社員に時間外に仕事をしてもらうのが「社内副業制度」です。副業をした社員には、副業をした時間に応じて、時間外勤務手当が支払われます。最近この制度を導入する会社が増加しています。

　副業をするかしないかは、あくまでも個人の自由です。会社から強制されてするものではありません。したがって、この制度も、「選択型の人事制度」といえるでしょう。

図表　社内副業制度の効果

・仕事の量が多い部門の長時間勤務を抑制できる
・他の部門の社員に副業収入の機会を提供できる
・部門間の交流を促進できる
・忙しいときは互いに助け合うという「共助」の社内風土を形成できる

2　制度の設計

(1)　社内副業制度を利用できる部門

　すべての部門が、業務量が多いために他部門の応援を必要とするときは、この制度を利用することができるものとします。

(2)　利用できる社員

　すべての社員が、時間的に余裕のあるときは、この制度を利用することができるものとします。

(3)　人事部への届出

　部門がこの制度を利用するときは、あらかじめ人事部に対して次の事項を届け出るものとするのがよいでしょう。

図表　人事部への届出事項

・副業をさせる業務の内容
・副業をさせる期間
・副業をさせる人員
・その他必要事項

⑷　副業をする者の募集

　部門は、社内LAN等によって社員に対して次の事項を公開し、副業希望者を募集します。
- ・業務の内容
- ・副業期間
- ・募集人員
- ・その他必要事項

様式例　社内副業募集の社内通知

		○○年○月○日
社員の皆さんへ		○○部長

　　　　　　　　社内副業の募集について（お知らせ）

1	業務の内容	
2	業務従事期間	
3	募集人員	
4	その他	

（申し込み）副業を希望する方は、○月○日（○）までに、当部までに連絡してください（担当・○○○○)。

⑸　募集部門への申出

　副業を希望する者は、その旨を募集部門に申し出て副業を開始します。

　副業は、勤務時間終了後に社内または自宅で行うものとします。

様式例　社内副業の申出

　　　　　　　　　　　　　　　　　　　　　　　○○年○月○日

○○部長殿

　　　　　　　　　　　　　　　　　　　○○部○○課○○○○

　　副業を希望します。

　　　　　　　　　　　　　　　　　　　　　　　　　　　以上

⑹　勤務時間の申告

　副業をした社員は、副業を終えたときは、募集部門に対して、副業に要した時間数を申告します。

様式例　副業の時間数の報告

　　　　　　　　　　　　　　　　　　　　○○年○○月○○日

○○部長殿

　　　　　　　　　　　　　　　　　　　○○部○○課○○○○

　　　　　　　　　　副業時間数の報告

月日	時間帯	時間数	備考

　　　　　　　　　　　　　　　　　　　　　　　　　　　以上

⑺　人事部への報告

　副業実施部門は、副業をした社員から報告のあった時間外勤務の時間数を人事部に報告し、時間外勤務手当の支給を依頼します。

様式例　人事部への副業の時間数の報告

					○○年○○月○○日

人事部長殿

○○部長

副業の時間数の報告

所属	氏名	期間	業務内容	時間数	備考

以上

(8)　時間外勤務手当支給の通知

　会社は、副業に要した時間を時間外勤務として取り扱い、所定の時間外勤務手当を支払います。

様式例　副業の時間外勤務手当の支払通知

○○年○○月○○日

○○部○○課○○○○様

○○部長、人事部長

時間外勤務手当支給通知

副業の期間	時間数	時間外勤務手当支給額	支給日	備考

以上

3　モデル規程

社内副業規程

（総則）

第1条　この規程は、社内副業制度について定める。

2　「社内副業制度」とは、社員が勤務時間終了後において、他の部門の業務をその部門の依頼によって行うことをいう。

（制度の目的）

第2条　この制度は、次の目的で実施する。

⑴　社内の人材を有効に活用すること

⑵　部門間のコミュニケーションを活発化し、活力のある社内風土を形成すること

（制度を利用できる部門）

第3条　すべての部門が、業務量が多いために他部門の応援を必要とするときは、この制度を利用することができる。

（利用できる社員）

第4条　すべての社員が、時間的に余裕のあるときは、この制度を利用することができる。

（人事部への届出）

第5条　部門がこの制度を利用するときは、あらかじめ人事部に対して次の事項を届け出なければならない。

⑴　副業をさせる業務の内容

⑵　副業をさせる期間

⑶　副業をさせる人員

⑷　その他必要事項

（副業をする者の募集）

第6条　部門は、社内LAN等によって社員に対して次の事項を公開し、副業

　希望者を募集する。

⑴　業務の内容

⑵　副業期間

⑶　募集人員

⑷　その他必要事項

（募集部門への申出）

第7条　副業を希望する者は、その旨を募集部門に申し出て副業を開始する。

2　副業の開始に当たっては、次の事項について、募集部門と十分に打ち合わせをしなければならない。

⑴　業務内容

⑵　成果物の質、量

⑶　成果物の提出時期

⑷　その他必要事項

3　副業は、勤務時間終了後に社内または自宅で行うものとする。

4　募集部門は、副業をする者の勤務時間が長時間に及ぶことのないように十分配慮しなければならない。

（勤務時間の申告）

第8条　副業をした社員は、募集部門に対して、副業に要した時間数を正確に申告しなければならない。

（人事部への報告）

第9条　募集部門は、副業をした社員から報告のあった時間数を人事部長に報告し、時間外勤務手当の支払いを依頼する。

（時間外勤務手当の支払い）

第10条　会社は、副業に要した時間を時間外勤務として取り扱い、所定の時間外勤務手当を支払う。

（付則）

この規程は、○○年○月○日から施行する。

第 5 章

自己啓発の支援

第1節

選択型自己啓発支援制度

 ## 1　制度の趣旨

(1)　働き続ける条件

　現代は、変化の激しい時代です。知識も、技術も進歩しています。このような時代の中で長く職業生活を続けていくためには、絶えず新しい知識や技術を吸収していくことが必要です。

　自らの意思で、自由な時間に、本を読んだり、通信教育を受けたりして最新の知識や技術、新しい考え方や物の見方などを学ぶ活動を一般に「自己啓発」といいます。自己啓発によって変化に対する適応力が強化されます。

(2)　自己啓発の必要性

　職業能力の向上というとすぐに会社による教育研修がイメージされます。しかし、会社主催の教育研修の効果には、おのずから一定の限界があるといわれます。自己啓発もまた重要です。

　自己啓発には、一定の資金が必要です。「選択型自己啓発支援制度」は、社員自身に自己啓発の方法・手段を選択させ、それに要した経費の全部または一部を会社が補助するというものです。

図表　自己啓発支援制度の効果

①　自己啓発への動機づけを図れる
②　社員の業務遂行能力と適応力を高められる
③　社員が自己啓発に努めることにより、活力のある職場が形成される

 ## 2　制度の設計

(1)　適用対象者

　社員が終業後や休日に自己啓発に努めることは、会社にとって好ましいことです。このため、この制度は、すべての社員に適用するのがよいでしょう。

(2)　支援する自己啓発の範囲

　支援の対象とする自己啓発の範囲を定めます。

図表　支援する自己啓発活動

①　ビジネス関係の書籍、雑誌の購読
②　ビジネス関係のCD、DVDの購入
③　外国語学校への通学などによる外国語の習得
④　ビジネス関係の講習会、セミナーへの参加
⑤　ビジネス関係の通信教育の受講
⑥　異業種交流会への参加
⑦　その他の自己啓発

(3)　補助の内容

　補助の割合を定めます。この場合、補助の総額について一定の上限を設けるのが現実的でしょう。

(4) 補助金受領の手続き

補助金の受取りの手続きを定めます。

様式例 補助金申請書

	○○年○月○日
取締役社長殿	○○部○○課○○○○

自己啓発補助金申請書

自己啓発の内容	
経費の総額	
補助金（経費の60%）	

以上

3 モデル規程

自己啓発支援規程

（総則）

第1条　この規程は、自己啓発支援制度について定める。

（制度の目的）

第2条　自己啓発支援制度は、社員の自発的な啓発活動を支援することにより、職業生活の充実を図る目的で実施する。

（適用対象者）

第3条　この制度は、すべての社員に適用する。

（支援する自己啓発）

第4条　会社は、社員が次の自己啓発活動をしたときに、その経費の一部を支給する。

(1)　ビジネス関係の書籍、雑誌の購読

(2)　ビジネス関係のCD、DVDの購入

(3)　外国語学校への通学などによる外国語の習得

(4)　ビジネス関係の講習会、セミナーへの参加

(5)　ビジネス関係の通信教育の受講

(6)　異業種交流会への参加

(7)　その他の自己啓発

(補助金の限度)

第5条　補助金は、支出した経費の60%とする。ただし、1人1ヶ月当たり、○千円、1年○万円を上限とする。

(補助金受領の手続き)

第6条　補助金の受領を希望する者は、会社に対して申請書を提出しなければならない。

2　申請書には、支出先の領収書を添付しなければならない。

(補助金の締切日・支払日)

第7条　補助金は、毎月5日締め切り、25日払いとする。

(付則)

この規程は、○○年○月○日から施行する。

第2節
選択型外国語習得
支援制度

 1　制度の趣旨

　現代は、国際化・グローバル化の時代です。人材の面でも、商品の分野でも、資本や技術の面でも、国際化が進んでいます。

　新型コロナウィルスの感染防止のために日本で接種されたワクチンがすべて海外のメーカーのものであったことは、あらためて国際化の進展を印象付けました。

　外国語を習得したいという希望を持っている社員は少なくないと思われます。

　外国語ができる社員が多ければ多いほど、ビジネスチャンスが増えます。事業分野を拡大できる可能性も高くなります。

　ビジネスの国際化・グローバル化は、さらにいっそう進展するものと予測されます。社員の外国語の習得に対して、一定の支援をするのが望ましいといえます。

図表　外国語習得支援制度の効果

①　社員の外国語習得の動機づけとなる
②　職場の活性化を図れる
③　外国語のできる社員が増えることにより、ビジネスチャンスが増える
④　経営の国際化の土壌・基盤が形成される

2　制度の設計

(1)　適用対象者

すべての社員が外国語を習得することが望ましいといえます。このため、支援制度はすべての社員に適用するのがよいでしょう。

(2)　支援する外国語の種類

支援する外国語の種類を特定するのが現実的でしょう。例えば、次の外国語を対象とします。

英語／フランス／ドイツ語／スペイン語／中国語／韓国語／ロシア語

(3)　習得の方法

習得の方法には、一般に図表に示すようなものがあります。習得方法は特に問わないものとするのがよいでしょう。

図表　外国語の習得方法

・外国語学校への通学
・個人レッスン
・CD、DVD等による学習
・テレビ、ラジオの外国語講座

(4)　能力の種類とレベル

外国語の能力は、話す能力、聞く能力、読む能力、書く能力に区分されます。どの能力を重視するかは、各人の選択に委ねるのがよいでしょう。

また、能力のレベルにも、差があります。

例えば、話す能力の場合、「日常の挨拶程度」から「商談ができる

程度」まであります。どの程度のレベルを目指すかについても、各人の判断に任せます。

(5)　補助の内容

補助の内容（割合）を具体的に定めます。一定の上限を設けるのもやむを得ないでしょう。

(6)　補助金の申請手続き

補助金の申請手続きを定めます。

様式例　補助金申請書

	○○年○月○日
取締役社長殿	
	○○部○○課○○○○

外国語習得補助金申請書

外国語名・習得の方法	
経費の総額	
補助金（経費の60％）	
備考	

以上

（注）領収書を添付すること。

(7)　利用実績の公表

人事制度は、すべて社員がどの程度関心と興味を持つかによって、その制度の利用率が決まります。制度を実施する以上は、1人でも多くの社員によって利用されるように工夫するべきです。制度を導入するだけで、それがどの程度利用されるかについては関心を示さないというのは好ましくありません。

　この制度に対する社員の関心を高め、１人でも多くの社員が利用するようにするため、毎年度、支援制度の利用実績を公表するのがよいでしょう。

様式例　支援制度の利用実績の公表
○その１　外国語ごとの利用者

外国語習得支援制度の利用者（○○年度）		
	氏名	備考
英語		
フランス語		
ドイツ語		
スペイン語		

（以下、省略）

○その２　利用者の経年変化

外国語ごとの利用者数の推移				
	○○年度	○○年度	○○年度	備考
英語				
フランス語				
ドイツ語				
スペイン語				

（以下、省略）

3　モデル規程

外国語習得支援規程

（総則）

第1条　この規程は、外国語習得支援制度について定める。

（制度の目的）

第2条　この制度は、社員の外国語習得を側面的に支援し、経営の国際化・グローバル化の基盤を形成する目的で実施する。

（適用対象者）

第3条　この制度は、すべての社員に適用する。

（支援する外国語の種類）

第4条　習得を支援する外国語の種類は、次のとおりとする。

　⑴　英語

　⑵　フランス語

　⑶　ドイツ語

　⑷　スペイン語

　⑸　中国語

　⑹　韓国語

　⑺　ロシア語

（習得の方法）

第5条　習得の方法は問わないものとする。

（補助金の限度）

第6条　補助金は、支出した経費の○％とする。ただし、1人1ヶ月当たり○千円、1年につき○万円を上限とする。

（補助金受領の手続き）

第7条　補助金の受領を希望する者は、会社に対して申請書を提出しなければならない。

2　申請書には、支出先の領収書を添付しなければならない。

(補助金の締切日・支払日)

第 8 条　補助金は、毎月 5 日締め切り、25日払いとする。

(利用実績の公表)

第 9 条　会社は、毎年度、この制度の利用実績を公表する。

(付則)

この規程は、○○年○月○日から施行する。

第３節

選択型読書奨励制度

 1　制度の趣旨

ビジネスや経済について、多くの本が売られています。本を読めば、多くの知識を得ることができます。最新のモノの見方や考え方を解説した本もあります。会社や経営者のサクセスストーリーを描いた本も売られています。

インターネット時代の現在でも、本は自己啓発の代表的な手段です。本屋に行けば手ごろな値段で買えること、持ち運びが便利であること、好きな時間に読めることも、自己啓発手段としての本のメリットです。

会社として社員に読んで欲しい本、読むと仕事に役立つ本を社員に示し、希望する社員に対して無料、あるいは安い値段で配布します。これにより、自己啓発を支援します。

 2　制度の設計

(1)　推薦図書の選定

社員に読んで欲しい本、読むと仕事に参考になる本、読む価値のある本を、毎月数冊程度選定し、社員に読むことを推奨します。

図表　推薦図書選定基準

① 仕事に役立つこと。社会人として読む価値のあること
② 内容や表現方法が難解でないこと
③ 値段が安いこと
④ 一般の書店で購入できること

(2) 選定の方法

選定の方法を定めます。

図表　推薦図書の選定方法

① 特定の社員が選定する
② 中堅社員から構成される委員会を組織し、その委員会で選定する
③ 外部の人に選定を依頼する
④ その他

(3) 推薦の頻度と冊数

社員に負担を与えない範囲で、推薦の頻度と冊数を決めます。

図表　推薦の頻度と冊数の決め方

・毎月、1、2冊程度推薦する
・2、3ヶ月ごとに2、3冊程度推薦する
・半年ごとに数冊推薦する
・1年に1回、数冊推薦する

⑷　配布の対象

推薦図書の配布については

・社員全員に配布する

・希望者にのみ配布する

の 2 つがあります。

自己啓発の支援という観点から判断すると、希望者に限定して配布するのがよいでしょう。

⑸　有料か無料か

希望者に対して有料で配布するか、無料で配布するかを決めます。

様式例　推薦図書の発表

〇〇年〇月〇日

社員の皆さんへ

取締役社長

今月の推薦図書について（お知らせ）

今月の推薦図書は、次の 2 冊です。希望者には、無料で配布しますので、総務部に申し出てください。

タイトル	著者	出版社	内容

以上

（注）希望者は、総務部に〇月〇日（〇）までに申し込んでください。

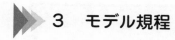

3　モデル規程

読書奨励実施要領

○○年○月○日作成

1　制度の趣旨

　ビジネスに関する知識の拡大を希望する社員に対して「読むと参考になる本」を紹介するとともに、希望する社員に、その本を無償で配布する。これにより、自己啓発活動を側面的に支援する。

2　推薦図書

　社員に対し、「読むと参考になる本」を毎月2冊程度推薦する。図書は、新書本を中心にする。

3　推薦図書の選定

　推薦図書の選定は、中堅クラスの社員に依頼して行う（交替制）。

4　図書の配布

　推薦図書は、会社が一括して購入し、希望する社員全員に無償で配布する。

以上

第4節
選択型社内ビジネススクール制度

 1　制度の趣旨

　会社では、さまざまな仕事が行われています。社員は、他の部門でどのような仕事が行われているかを知ることが望ましいといえます。しかし、実際には、知っているようで知らないものです。自分では、「どの部門でどのような仕事が行われているかを知っている」と思っていても、実際とは異なることもあります。

　部門間の交流の促進、社員の一体感の形成という観点からすると、他の部門の業務の実態を知る機会を定期的に設けるのが望ましいといえます。

　「社内ビジネススクール」は、各部門の中堅社員が、

　　・自分の部門では、日常的にどのような業務が行われているか

　　・業務において、どのような課題を抱えているか

などを分かりやすく解説し、他の部門の社員に参考にしてもらうという制度です。

図表　社内ビジネススクールの効果

① 部門間の交流を促進できる
② 社内の一体感、連帯感を形成できる
③ 社内業務と経営上の課題について、社員の自己啓発を図ることがきる

 ## 2　制度の設計

(1)　開催の趣旨

ビジネススクールの趣旨は、次のとおりとします。

図表　ビジネススクールの趣旨

① 社内各部門の業務の内容と業務上の課題を、その部門の社員に具体的に解説してもらい、他の部門の社員の参考に供すること
② 部門間のコミュニケーションを活発にし、活力のある社内風土を形成すること

(2)　開催の頻度

毎年定期的に開催するのが望ましいといえます。

(3)　講師

部門の業務に精通している中堅社員が講師を務めるのがよいでしょう。

(4)　開催の時間帯と時間数

ビジネススクールは、平日の終業後に1時間程度開催するのが現実的でしょう。

⑸　**受講者**

社員は誰でも希望すれば受講できるものとします。

様式例　受講申込書

○○年○月○日

総務部長殿

○○部○○課○○○○

ビジネススクール申込書

□第１講座　　□第２講座　　□第３講座　　□第４講座　　□第５講座

以上

3　モデル規程

社内ビジネススクール実施要領（○○年度）

1　ビジネススクールの趣旨

　⑴　社内各部門の業務の内容と業務上の課題を、その部門の社員に具体的に解説してもらい、他の部門の社員の参考に供すること

　⑵　部門間のコミュニケーションを活発にし、活力のある社内風土を形成すること

　⑶　会社の業務内容と経営課題について、社員の自己啓発を図ること

2　本年度のスケジュール

	テーマ	講師	開催日	備考
第1講座	営業部の業務と課題	○○○○さん	○月○日（○）	
第2講座	財務部の業務と課題	○○○○さん	○月○日（○）	
第3講座	製造部の業務と課題	○○○○さん	○月○日（○）	
第4講座	システム部の業務と課題	○○○○さん	○月○日（○）	
第5講座	人事部の業務と課題	○○○○さん	○月○日（○）	

3　開催時間

　いずれも午後6時〜7時

4　開催場所

　第1会議室

5　対象者

　全社員

6　参加資格

　特になし（参加自由）

7　講座の選択

　全講座を受講するか、一部の講座を受講するかは、受講者の自由

8　定員

　○○人

9　申し込み

　○月○日（○）までに、総務部に申し込む

以上

第5節

選択型危機管理セミナーの開催

 1　制度の趣旨

　会社の経営は、常に危機に囲まれています。地震・風水害等の自然災害、個人情報の漏洩、欠陥商品の出荷などは、経営危機の1つの例です。最近は、新型コロナウィルスの急激な拡大が大きな危機として経営を脅かしています。

　危機に無縁な会社は存在しません。規模の大小を問わず、また、業種のいかんを問わず、いつ危機に見舞われるか、分かりません。不幸にして経営危機に直面したときは、全社一丸となって迅速に対応しなければなりません。このため、社員は、「わが社には、どのような危機があるか」について正しい知識を習得しておく必要があります。

　一般社員を対象とした危機管理セミナーを開催するのがよいでしょう。

図表　危機管理セミナーの趣旨

①　会社の危機管理について、一般社員の理解と関心を高めること
②　危機管理に強い社内風土を形成すること
③　危機管理についての社員の自己啓発を図ること

2　制度の設計

⑴　セミナーのテーマ

テーマとしては、図表に示すようなものがあります。

図表　危機管理セミナーのテーマ

・地震等の自然災害と対策
・システムへのウィルス侵害と対策
・システムダウンと対策
・個人情報の漏洩と対策
・欠陥商品の出荷と対策
・サプライチェーンのトラブルと対策
・敵対的買収と対策
・パンデミック（感染症の急拡大）と対策
・その他

⑵　開催の頻度

毎年テーマをいくつか決めて定期的に開催するのがよいでしょう。

⑶　講師

取り上げるテーマに詳しい中堅社員が講師を務めるのがよいでしょう。

⑷　開催の時間帯と時間数

平日の終業後に1時間程度開催するのがよいでしょう。

⑸　受講の対象者

　危機に対しては全社的に取り組むべきです。したがって、本来的には、全社員を対象として開催すべきです。

　しかし、自己啓発制度の一環として開催するときは、希望者を募集して開催するのがよいでしょう。

様式例　受講申込書

〇〇年〇月〇日 総務部長殿 　　　　　　　　　　　　　　　　　　〇〇部〇〇課〇〇〇〇 　　　　　　　　　　危機管理セミナー申込書 □第1回　　□第2回　　□第3回　　□第4回　　□第5回 　　　　　　　　　　　　　　　　　　　　　　　　　　　以上

3　モデル規程

危機管理セミナー実施要領（〇〇年度）

1　危機管理セミナーの趣旨

　⑴　会社の危機管理について、一般社員の理解と関心を高めること

　⑵　危機管理に強い社内風土を形成すること

　⑶　危機管理についての社員の自己啓発を図ること

2　本年度のスケジュール

	テーマ	講師	開催日	備考
第1回	自然災害（地震）の危機管理	○○○○さん	○月○日（○）	
第2回	個人情報流出の危機管理	○○○○さん	○月○日（○）	
第3回	システムトラブルの危機管理	○○○○さん	○月○日（○）	
第4回	知的財産権侵害の危機管理	○○○○さん	○月○日（○）	
第5回	敵対的買収の危機管理	○○○○さん	○月○日（○）	

3　開催時間

　いずれも午後6時〜7時

4　開催場所

　第1会議室

5　対象者

　全社員

6　参加資格

　特になし（参加自由）

7　講座の選択

　全講座を受講するか、一部の講座を受講するかは、受講者の自由

8　定員

　○○人

9　申し込み

　○月○日（○）までに、総務部に申し込む

以上

第6節

選択型異業務実習制度

 ## 1　制度の趣旨

　会社には、さまざまな部門（部・課・係）があります。どの部門の仕事も他の部門の仕事と深く結び付いています。他の部門の仕事とはいっさい関係がないという仕事はありません。

　このように、所属する部門の仕事は他の部門の仕事と密接に結びついているため、「他の部門で具体的にどのような仕事をしているか」を知ることはきわめて重要です。

　他部門の仕事の内容を知るための確実な方法は、一定期間その部門に出向いて行き、実際にその部門の仕事をしてみることでしょう。まさに「百聞は一見に如かず」です。しかし、長く他部門に出かけると、自分の本来の仕事に支障が生じます。

　「異業務実習制度」は、若手社員に対して、その社員が希望する部門の業務を実際に短期間、体験させるという、自己選択型の自己啓発制度、研修制度です。

図表　異業務短期実習制度の目的

①　他の部門の業務を体験することにより、会社の経営への理解を深めること
②　部門間の交流を活発化し、職場の活性化を図ること
③　社員の自己啓発・自己開発を促進すること

 2　制度の設計

(1)　対象者の範囲

　若い社員を対象として実施するのが適切でしょう。

(2)　実習先

　実習先は、本人の選択に委ねます。営業の仕事を実習したいと希望する者には営業を実習させ、商品の製造業務を希望する者には生産業務を実習させます。

様式例　実習届

	○○年○月○日
人事部長殿	
	○○部○○課○○○○

実習届

実習先	
実習期間	
備考	

以上

(3)　**実習期間**

　実習の期間が1、2日程度では、実習の成果を期待することは期待できないでしょう。しかし、期間を長くすると、本人にも、受け入れ部門にも大きな負担となります。実習期間は1週間か2週間程度とするのが現実的であると判断されます。

(4)　**実習の実施時期**

　実習の実施時期を特定するのがよいでしょう。

(5)　**実習レポートの提出**

　実習を終えた社員に対して、レポートの提出を求めるのがよいでしょう。

様式例　実習レポート

	○○年○月○日
取締役社長殿	
	○○部○○課○○○○

異業務実習レポート

実習先	
実習期間	
実習内容	
印象	
参考になったこと	
備考	

以上

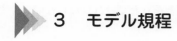

3　モデル規程

異業務実習規程

（総則）

第1条　この規程は、異業務実習制度について定める。

（制度の目的）

第2条　この制度は、次の目的のために実施する。

　⑴　他の部門の業務を体験することにより、会社の経営への理解を深めること

　⑵　部門間の交流を活発化し、職場の活性化を図ること

　⑶　社員の自己啓発・自己開発を促進すること

（適用対象者）

第3条　この制度は、28歳以下の社員に適用する。

（異業務の実習）

第4条　社員は、28歳に達するまでの間に3業務（他の部門の業務）を実習しなければならない。

（実習期間・時期）

第5条　実習期間は1業務につき5日とし、時期は6月から8月の間とする。

（実習の手続き）

第6条　対象社員は、実習開始の2週前までに、次の事項を人事部長に申し出る。

　⑴　実習部門

　⑵　実習期間

　⑶　その他必要事項

（実習の実施）

第7条　実習社員を受け入れる部門の長は、実習の内容を伝え、業務を指示命令し、実習させる。

2　実習社員は、実習先の指示命令に従って実習を行わなければならない。

（レポートの提出）

第8条　社員は、実習後1週間以内に、実習の内容および感想等を取りまと
　　め、会社に提出しなければならない。

（付則）

この規程は、○○年○月○日から施行する。

第6章

育児・介護の支援

第1節

選択型育児支援制度

 1　制度の趣旨

(1)　育児と仕事についての考え

　育児と仕事についての考えは、人によって異なります。「子どもが生まれたら会社を退職し、育児に専念したい」と考えている人もいれば、「育児と仕事を両立させたい」という考えの人もいます。

(2)　育児と育児・介護休業法

　会社で通常どおり働きながら育児をするというのは、簡単なことではありません。仕事と育児の両立には、社会的な支援が必要です。育児・介護休業法は、育児と仕事との両立を支援することを目的とした法律で、育児休職制度などを会社に義務付けています。この法律は、規模の大小や業務の種類にかかわらず、すべての会社に適用されます。

　会社は、育児・介護休業法を誠実に遵守し、育児と仕事との両立の支援に積極的に取り組むことが必要です。

図表　育児支援の効果

①	社員の勤労意欲の向上を図れる
②	能力と意欲のある人材の退職・流出を防げる
③	会社のイメージの向上を図れる

 ## 2　制度の設計

(1)　支援の種類

　育児支援の制度としては、一般に、図表に示すようなものがあります。

図表　支援制度の種類

①	育児休職制度
②	看護休暇
③	時間外勤務（残業）の制限
④	その他（フレックスタイム制度、テレワーク、その他）

(2)　育児休職制度

① 　育児・介護休業法の定め

　育児・介護休業法は、育児休業（休職）について、

・労働者は、その事業主に申し出ることにより、育児休業をすることができる（第5条）

・事業主は、労働者から育児休業の申出があったときは、その申出を拒むことができない（第6条）

と定めています。

②　育児休職の期間と申出

　育児・介護休業法は、育児休職について、図表のように定めています。

図表　育児休職についての育児・介護休業法の主な定め

①　休職の期間は、原則として、子が出生した日から子が1歳に達する日（誕生日の前日）までとする。
②　休職をするときは、開始日の1ヶ月前までに申し出なければならない。
③　事業主は、申出日と開始日の間隔が1ヶ月に満たないときは、開始日を指示することができる。
④　労働者は、休職開始日を変更するときは、変更後の開始日の2週間前までに申し出なければならない。

様式例　育児休職申出書

　　　　　　　　　　　　　　　　　　　　　　　　　○○年○月○日

取締役社長殿

　　　　　　　　　　　　　　　　　　　　　○○部○○課○○○○

　　　　　　　　　　　　　　育児休職申出書

子の氏名	
生年月日・続柄	
休職期間	
その他	

　　　　　　　　　　　　　　　　　　　　　　　　　　　　　以上

（お願い）開始日の1ヶ月前までに提出すること。

様式例　育児休職開始日の変更申出書

　　　　　　　　　　　　　　　　　　　　○○年○月○日

取締役社長殿

　　　　　　　　　　　　　　　　　○○部○○課○○○○

育児休職開始日の変更申出書

当初の開始日	
変更後の開始日	
備考	

以上

（お願い）変更後の開始日の2週前まえまでに提出すること。

③　休職辞令の交付

　休職の申出書を受け取ったときは、休職の辞令を交付するのがよいでしょう。

様式例　育児休職の辞令

　　　　　　　　　　　　　　　　　　　　○○年○月○日

○○部○○課○○○○様

　　　　　　　　　　　　　　　　　　取締役社長

辞令

　育児のため休職とする。

　（休職期間）○○年○月○日～○○年○月○日

以上

④　定期的な連絡

　育児休職は、育児という性格に配慮して期間が長いのが特徴です。1週間か2週間、会社を休むというものではありません。

　休職中、社員は「復職して、仕事をやっていけるだろうか」「復職したときに、職場の同僚が暖かく受け入れてくれるだろうか」と不安

を感じます。「会社は、本当に復職を認めてくれるだろうか」と心配する者もいることでしょう。そのような不安を放置しておくのは好ましくありません。

　職場の上司・同僚、または人事担当者が休職者と定期的に連絡を取るようにするのがよいでしょう。

⑤　休職期間満了日の通知

　育児は一般に忙しいものです。休職者は、休職期間がいつ満了になるかを忘れていることがあるかもしれません。このため、会社は、満了日の1ヶ月程度前に、満了日を知らせるのがよいでしょう。それと同時に、復職日の2週程度前までに、復職届を提出するように求めるのがよいでしょう。

様式例　育児休職満了日の通知書

○○年○月○日

○○○○様

取締役社長

育児休職の満了日について（お知らせ）

　下記のとおり育児休職の期間が満了となりますのでお知らせします。復職するときは、復職日の2週間前までに復職届を提出してください。

育児休職満了日	
備考	

以上

⑥　復職届の提出

　会社は、要員管理、人員管理を適切に行う必要があります。要員管理が適切でないと、業務に支障が生じます。

　要員管理を適切に行うため、休職者に対して、復職日の一定期間前までに復職届を提出するように指示します。

様式例　復職届

```
　　　　　　　　　　　　　　　　　　　　　　　　　　○○年○月○日

　取締役社長殿
　　　　　　　　　　　　　　　　　　　　　　　○○部○○課○○○○

　　　　　　　　　　　　　　　　復職届

　　下記のとおり復職します。
```

復職日	
備考	

```
　　　　　　　　　　　　　　　　　　　　　　　　　　　　　　以上
　（お願い）復職日の2週間前までに提出してください。
```

⑦　復職辞令の交付

　休職者の復職が確認されたときは、復職辞令を交付します。

様式例　復職辞令

```
　　　　　　　　　　　　　　　　　　　　　　　　　　○○年○月○日

　○○部○○課○○○○様
　　　　　　　　　　　　　　　　　　　　　　　　　　　取締役社長

　　　　　　　　　　　　　　　　辞令

　　休職期間満了につき復職とする。
　　（復職日）○○年○月○日

　　　　　　　　　　　　　　　　　　　　　　　　　　　　　　以上
```

⑧　給与の取り扱い

　給与については、

　・休職中は会社の業務をしない

　・休職中は、雇用保険から育児休業基本給付金が支給される

　など から、無給扱いとするのがよいでしょう。

⑨　退職届

　休職は、その事由が何であれ、「休職期間が満了したら復職して、

再び会社の業務をする」という人事制度です。復職が前提ですから、休職中も社員としての身分を保障するわけです。育児休職も、同様です。

　ところが、休職期間が長いこともあり、「復職しても、以前と同じようには働く自信がない」などの理由で、復職の意志をなくすケースがあります。休職者が復職しないと、要員に欠員が生じます。

　このため、休職者に対して、復職しないことを決めたときは、速やかに退職届を提出するように求めます。

様式例　退職届

```
                                          ○○年○月○日
  取締役社長殿
                                          ○○部○○課○○○○
                        退職届
    一身上の都合により、○○年○月○日をもって退職いたします。
                                                    以上
```

(2)　看護休暇

①　育児・介護休業法の定め

　子どもが病気になったときにその看護をするのは、親の責任です。各種の予防接種を受けるために子どもをクリニックに連れていくのも、親の重要な仕事といえます。このような子どももの世話をするための休暇を「看護休暇」といいます。

　育児・介護休業法は、「事業主は、小学校入学前の子を養育する労働者に対して、1年度5日（小学校入学前の子が2人以上の場合は、10日）の看護休暇を与えなければならない」旨、定めています（第16条の3）。

　看護休暇は、年休とは別に与えることが必要です。

様式例　看護休暇の通知

○その1（標準的なもの）

○○年4月1日

○○部○○課○○○○様

取締役社長

看護休暇について（お知らせ）

　あなたは、次のとおり子どもの看護休暇を取得する権利がありますのでお知らせします。

権利発生日	○○年4月1日
日数	
有効期間	○○年4月1日から1年
取得単位	1日単位でも半日単位でも取得できます。
届出	取得するときは、前日までに届け出てください。
給与の取り扱い	無給とします。
その他	

以上

○その2（簡潔なもの）

○○○年4月1日

○○部○○課○○○○様

取締役社長

看護休暇について（お知らせ）

　あなたは、4月1日以降、子どもの看護休暇を取得することができます。日数は○日です。取得するときは、前日までに届け出てください。

以上

② 看護休暇の届出

　看護休暇を取得するときは、その前日までに届け出ることを求めます。

様式例　看護休暇届

	○○年○月○日
取締役社長殿	
	○○部○○課○○○○

看護休暇届

子の氏名	
生年月日・続柄	
休暇月日	
その他	

以上

（お願い）前日までに届け出ること

③ 給与の取り扱い

　看護休暇は、ノーワーク・ノーペイの原則に基づき、無給扱いとするのが現実的でしょう。

(3) 時間外労働の制限

① 育児と時間外勤務

　会社は、仕事が忙しくて時間内に処理できないときは、社員に時間外勤務（残業）を命令します。限られた人員で経営を円滑に進めていくうえで、時間外勤務は必要不可欠です。

　しかし、時間外勤務は、育児中の社員にとっては大きな負担です。仕事で疲れ、遅く帰宅して育児を行うのは重労働です。

　このような事情に配慮し、育児・介護休業法は、「事業主は、小学校入学前の子を養育する労働者が請求したときは、1ヶ月24時間、1

年150時間を超えて時間外労働をさせてはならない。ただし、事業の正常な運営を妨げる場合は、この限りではない」旨、定めています（第17条第1項）。

　なお、時間外労働の制限を申し出ることのできる期間は、1回につき1ヶ月以上1年以下とされています。

② 　申出書の提出

　時間外勤務の制限を希望する者に、時間外勤務の制限申出書を提出させます。

様式例　育児のための時間外勤務制限申出書

<table>
<tr><td colspan="2" align="right">○○年○月○日</td></tr>
<tr><td>取締役社長殿</td><td></td></tr>
<tr><td colspan="2" align="right">○○部○○課○○○○</td></tr>
<tr><td colspan="2" align="center">時間外勤務制限申出書</td></tr>
<tr><td>子の氏名</td><td></td></tr>
<tr><td>生年月日・続柄</td><td></td></tr>
<tr><td>時間外勤務制限期間</td><td></td></tr>
<tr><td>その他</td><td></td></tr>
<tr><td colspan="2" align="right">以上</td></tr>
<tr><td colspan="2">（お願い）開始日の1ヶ月前までに提出すること。</td></tr>
</table>

 ## 3　モデル規程

育児支援規程

（総則）

第1条　この規程は、育児支援制度について定める。

（適用対象者）

第2条　この規程は、育児を行うすべての社員に適用する。

（支援制度の種類）

第3条　育児支援制度の種類は、次のとおりとする・

　(1)　育児休職

　(2)　看護休暇

　(3)　時間外労働の制限

　(4)　その他法令で定められた制度

（育児休職）

第4条　育児休職の期間は、子が出生した日から1歳に達する日（誕生日の前日）までの間で、社員が申し出た期間とする。

2　休職をするときは、開始日の1ヶ月前までに申し出なければならない。

3　開始日を変更するときは、変更後の開始日の2週間前までに申し出なければならない。

4　会社は、休職者と定期的に連絡を取るものとする。

5　休職は、無給とする。

6　次の場合には、直ちに復職しなければならない。

　(1)　休職期間が終了したとき

　(2)　育児の必要がなくなったとき

7　会社は、休職満了日の1ヶ月前に休職満了日を通知する。

8　復職するときは、復職日の2週間前までに、復職届を提出しなければならない。

9　休職者は、復職しないことを決めたときは速やかに退職届を提出しなければならない。

（看護休暇）

第5条　小学校入学前の子を養育する社員は、会社に申し出ることにより、看護休暇を取得することができる。

2　「看護」とは、次のことをいう。

　(1)　負傷または疾病にかかった子の世話

⑵　疾病の予防を図るための世話

3　休暇の日数は、1年度（4月1日～翌年3月31日）につき5日（子が2人以上のときは、10日）とする。

4　休暇は、半日単位で取得することもできる。

5　休暇を取得するときは、前日までに申し出なければならない。

6　休暇は、無給とする。

（時間外労働の制限）

第6条　会社は、小学校入学前の子を養育する社員が申し出たときは、1ヶ月24時間、1年150時間を超えて時間外労働を命令しない。

2　制限を申し出る期間は、1回につき1ヶ月以上1年以内とする。

3　制限の申出は、開始日の1ヶ月前までに行わなければならない。

（付則）

この規程は、○○年○月○日から施行する。

第2節
選択型育児短時間勤務制度

 1　制度の趣旨

(1)　働きながら育児をするときの選択肢

　会社の仕事を続けながら育児をしたいと考える社員には、次の2つの選択肢があります。

・フルタイムで働く

・勤務時間を短くして働く

　どちらを選択するかは、本人の自由です。本人が自分の考えに基づいて、自主的に選択すべき問題です。会社が「フルタイム勤務をするように」とか、「短時間勤務を選択すべきだ」などと、指示すべきことではありません。

(2)　育児・介護休業法の定め

　育児・介護休業法は、「事業主は、その雇用している労働者のうち、3歳に満たない子を養育する労働者であって、育児休業をしていない労働者が申し出たときは、所定労働時間を短縮する措置を講じなければならない」と定めています（第23条）。

　会社は、「仕事を継続しながら育児をしたい」と希望する者に対し

て短時間勤務という選択肢を用意する必要があります。

図表　仕事を継続しながら育児をする者の選択肢

- フルタイムで働く
- 子どもが3歳になるまでは短時間勤務で働く

図表　短時間勤務制度の効果

① 仕事を継続しながら育児をしたいという社員を支援できる
② 職場の欠員の発生を避けることができる
③ 育児に伴う離職・退職を防げる

 # 2　制度の設計

(1)　制度の適用対象者

　短時間勤務制度を利用することができるのは、「3歳未満の子を養育する者で、育児休職をしていない者」とします。

(2)　短時間勤務の期間

　短時間勤務ができる期間は、「子が3歳に達する日まで」とします。

(3)　勤務時間帯の決め方

　勤務時間帯の決め方には、実務的に、図表に示すように3つの方法があります。

図表 短時間勤務の決め方

決め方	勤務時間
本人に時間帯を決めさせる	
会社で指定する	始業午前10時～終業午後5時（休憩・正午～午後1時）（6時間勤務）
会社で複数の時間帯を示し、いずれかを選択させる	次のいずれかを選択させる。 ① 始業午前8時～終業午後3時（休憩・正午～午後1時） ② 始業午前10時～終業午後5時（休憩・正午～午後1時）

(4) 短時間勤務の申出

社員に短時間勤務の申出書を提出させます。

様式例 短時間勤務申出書

<table>
<tr><td colspan="2" align="right">○○年○○月○○日</td></tr>
<tr><td>取締役社長殿</td><td align="right">○○部○○課○○○○</td></tr>
<tr><td colspan="2" align="center">短時間勤務申出書</td></tr>
</table>

子の氏名	
生年月日・続柄	
勤務時間帯	
短時間勤務の期間	
備考	

以上

⑸　短時間勤務の中止

　短時間勤務は、本人が申し出れば、いつでも中止し、フルタイム勤務に復帰できるものとします。

様式例　短時間勤務中止届

	○○年○○月○○日
取締役社長殿	
	○○部○○課○○○○
短時間勤務中止届	

中止する月日	
備考	

以上

⑹　給与・賞与の取り扱い

　給与、賞与は、短縮した時間数に応じて支払うのが合理的です。例えば、所定勤務時間を 8 時間から 6 時間へと 4 分の 1 だけ短縮したときは、給与・賞与を通常より 4 分の 1 減額します。

3　モデル規程

育児短時間勤務規程

（総則）

第 1 条　この規程は、育児短時間勤務制度の取り扱いについて定める。

（制度の適用対象者）

第 2 条　3 歳未満の子を養育する者で、育児休職をしていない者は、所定勤

務時間を短縮して勤務することができる。

（短時間勤務の期間）

第3条　短時間勤務ができる期間は、子が3歳に達する日までとする。

（勤務時間帯）

第4条　勤務時間帯は、次の2つとし、いずれかを選択するものとする。

　⑴　始業午前8時～終業午後3時（休憩・正午～午後1時）

　⑵　始業午前10時～終業午後5時（休憩・正午～午後1時）

（申出事項・申出期限）

第5条　短時間勤務をするときは、開始日の2週間前までに、次の事項を申し出なければならない。

　⑴　子の氏名、生年月日、続柄

　⑵　選択する短時間勤務の種類

　⑶　短時間勤務の開始日、終了日

　⑷　その他必要事項

（所定外勤務の免除）

第6条　会社は、短時間勤務中の者に対しては、育児の事情に配慮し、所定勤務時間（6時間）を超える勤務は命令しない。ただし、業務上やむを得ない場合は、この限りではない。

（勤務時間の種類の変更）

第7条　社員は、届け出た勤務時間の種類を変更することができる。

（短時間勤務の終了）

第8条　短時間勤務は、次の場合には自動的に終了する。

　⑴　届け出た期間が満了したとき

　⑵　子を養育する必要がなくなったとき

2　短時間勤務が終了したときは、フルタイム勤務に復帰する。

（短時間勤務の中止）

第9条　社員は、いつでも短時間勤務を中止し、フルタイム勤務に復帰することができる。

（基本給の減額）

第10条　短時間勤務中は、基本給を25％減額する。

（諸手当）

第11条　家族手当その他の諸手当は、給与規程どおりに支給する。

（賞与）

第12条　賞与については、標準支給月数より25％少ない支給月数とする。

（勤続年数の取り扱い）

第13条　退職金の算定においては、短縮した総時間数を所定勤務日数に換算
　　し、その日数を勤続年数から差し引くものとする。

（付則）

この規程は、○○年○月○日から施行する。

第3節

選択型介護支援制度

 1　制度の趣旨

(1)　介護と仕事の両立

　年々高齢化が進んでいます。毎年敬老の日になると、65歳以上の高齢者数と総人口に占める高齢者の割合が発表され、高齢化のスピードの速さを強く印象付けます。

　高齢化の進展に伴って、寝たきりの親など、介護を必要とする家族を抱える社員も増加しています。

　介護を必要とする程度は人によって異なりますが、一般に重い負担となります。介護と仕事を両立させることは簡単ではありません。介護は、社会的に支援する必要のある問題です。そこで、育児・介護休業法が制定・施行されていることは、周知のとおりです。

(2)　介護支援制度の効果

　育児・介護休業法は、介護休業（介護休職）などを事業主に義務付けています。また、この法律は、規模の大小や業務の種類を問わず、すべての会社に適用されます。「当社は規模が小さいので、介護休職は認められない」「わが社の業務の内容から判断して介護休職を実施

するのは困難だ」といって、育児・介護休業法で定められた措置を講じないのは許されないことです。

　会社は、積極的に社員の介護の支援に取り組むことが必要です。

図表　介護支援の効果

①　社員の勤労意欲の向上を図れる
②　能力と意欲のある人材の退職・流出を防げる
③　会社のイメージの向上を図れる

(3)　社員へのPR

　一般に、介護については、他人には話しにくいという性格があります。このため、介護支援制度を利用すべき人が利用していないケースが相当あるといわれています。

　制度を利用すべき社員は、制度を利用すべきです。

　会社は、折に触れて、介護支援制度が用意されていることを、社内LAN、回覧、掲示などで社員に知らせ、必要に応じて制度を利用するように呼び掛けるのがよいでしょう。

様式例　支援制度利用の呼びかけ

○○年○月○日

社員の皆さんへ

取締役社長

介護支援制度について

　高齢化の進展に伴って、介護と仕事との両立が大きな社会的課題となっています。ご承知のように、両立を支援するために、育児・介護休業法が施行されています。当社でも、この法律を踏まえ、次の制度を実施しています。

○介護支援制度

介護休職制度	要介護者1人につき通算93日まで休職できます。
介護休暇	1年につき5日（要介護者が2人以上の場合は、10日）取得できます。
時間外勤務制限制度	時間外勤務を1ヶ月24時間、1年150時間に制限できます。
その他育児・介護休業法で定められた制度	

（問い合わせ先）制度の詳しい内容は、人事部にお問い合わせください。

以上

2　制度の設計

(1)　支援の種類

　介護支援の制度としては、一般に、図表に示すようなものがあります。

図表　支援制度の種類

①　介護休職制度
②　介護休暇
③　時間外勤務（残業）の制限
④　その他（フレックスタイム制度、テレワーク、その他）

(2)　介護休職制度

①　育児・介護休業法の定め

　介護休職は、一定期間会社を離れて家族の介護に専念する制度です。支援制度の代表といえるでしょう。

　育児・介護休業法は、介護休業（休職）について、次のように定めています。

図表　育児・介護休業法の定め

・労働者は、その事業主に申し出ることにより、介護休業をすることができる（第11条）
・事業主は、労働者から介護休業の申出があったときは、その申出を拒むことができない（第12条）

②　介護休職の期間と申出

　育児・介護休業法は、介護休職について、図表のように定めています。

図表　介護休職についての育児・介護休業法の主な定め

① 　休職の期間は、要介護者1人につき、通算93日とする（3回まで分割取得可能）。
② 　休職をするときは、開始日の2週間前までに申し出なければならない。
③ 　事業主は、申出日と開始日の間隔が2週間に満たないときは、開始日を指示することができる。
④ 　労働者は、休職開始日を変更するときは、変更後の開始日の1週間前までに申し出なければならない。

③　介護休職の申出

　会社に対する介護休職の申出においては、次の事項を明らかにすることとされています。

・要介護者の氏名、生年月日、続柄

・要介護の状態

・休職の期間

様式例　介護休職申出書

	○○年○月○日
取締役社長殿	
	○○部○○課○○○○

介護休職申出書

要介護者の氏名・生年月日・続柄	
要介護の状態	
休職期間	
その他	

以上

（お願い）開始日の2週間前までに提出すること。

④　休職辞令の交付

　社員から介護休職の申出書を受け取ったときは、休職辞令を交付するのがよいでしょう。

様式例　介護休職の辞令

　　　　　　　　　　　　　　　　　　　　　　　　　○○年○月○日

○○部○○課○○○○様

　　　　　　　　　　　　　　　　　　　　　　　取締役社長

　　　　　　　　　　　　　　辞令
　家族の介護のため休職とする。
　（休職期間）○○年○月○日～○○年○月○日

　　　　　　　　　　　　　　　　　　　　　　　　　以上

⑤　休職期間満了日の通知

　休職期間満了日の１ヶ月程度前に、満了日を通知するのがよいでしょう。

様式例　介護休職満了日の通知書

　　　　　　　　　　　　　　　　　　　　　　　　　○○年○月○日

○○部○○課○○○○様

　　　　　　　　　　　　　　　　　　　　　　　取締役社長

　　　　　　　　介護休職の満了日について（お知らせ）
　　下記のとおり介護休職の期間が満了となりますのでお知らせします。
　復職するときは、復職日の２週間前までに復職届を提出してください。

介護休職満了日	
備考	

　　　　　　　　　　　　　　　　　　　　　　　　　以上

187

⑥　復職届の提出

　会社は、要員管理、人員管理を確実に行う必要があります。休職者が復職予定日に復職しないと、職場の人員が不足し、業務に支障が生じます。このため、復職予定日の2週間前程度前までに復職届を提出するよう指示します。

様式例　復職届

	○○年○月○日
取締役社長殿	
	○○部○○課○○○○

復職届

　下記のとおり復職します。

復職日	
備考	

以上

（お願い）復職日の2週間前までに提出してください。

⑦　給与の取り扱い

　介護休職中の給与については、

　・休職中は介護に専念し、会社の業務をしない

　・休職中は、雇用保険から介護休業基本給付金が支給される

なからも、無給扱いとするのがよいでしょう。

⑧　退職届

　休職は、その事由が何であれ、「休職期間が満了したら復職して、再び会社の業務をする」という人事制度です。復職が前提ですから、休職中も社員としての身分を保障するわけです。

　ところが、「復職しても、以前と同じようには働く自信がない」などの理由で、復職の意志をなくすケースがあります。

　このため、休職者に対して、復職しないことを決めたときは、速やかに退職届を提出するように求めます。

(2)　介護休暇

①　育児・介護休業法の定め

　育児・介護休業法は、「事業主は、要介護者を介護する労働者に対して、１年度５日（要介護者が２人以上の場合は、10日）の介護休暇を与えなければならない」旨、定めています（第16条の６）。

　介護休暇は、年休とは別に与えることが必要です。

様式例　介護休暇の通知

<table>
<tr><td colspan="2" align="right">○○年４月１日</td></tr>
<tr><td>○○部○○課○○○○様</td><td align="right">取締役社長</td></tr>
<tr><td colspan="2" align="center">介護休暇について（お知らせ）</td></tr>
<tr><td colspan="2">　あなたは、次のとおり家族の介護休暇を取得する権利がありますのでお知らせします。</td></tr>
</table>

権利発生日	○○年４月１日
日数	
有効期間	○○年４月１日から１年
取得単位	１日単位でも半日単位でも取得できます。
届出	取得するときは、前日までに届け出てください。
給与の取り扱い	無給とします。
その他	

以上

②　介護休暇の届出

　介護休暇を取得するときは、その前日までに届け出ることを求めます。

様式例　介護休暇届

	○○年○月○日
取締役社長殿	
	○○部○○課○○○○

介護休暇届

要介護者の氏名・生年月日・続柄	
要介護の状態	
休暇月日	
その他	

以上

（お願い）前日までに届け出ること

③　給与の取り扱い

　介護休暇は、ノーワーク・ノーペイの原則に基づき、無給扱いとするのが現実的でしょう。

(3)　時間外労働の制限

①　介護と時間外勤務

　時間外勤務は、家族の介護をしている社員にとっては大きな負担です。仕事で疲れ、遅く帰宅して介護を行うのは重労働です。

　このような事情に配慮し、育児・介護休業法は、「事業主は、要介護状態の家族を介護する労働者が請求したときは、1ヶ月24時間、1年150時間を超えて時間外労働をさせてはならない。ただし、事業の正常な運営を妨げる場合は、この限りではない」旨、定めています。

　なお、時間外労働の制限を申し出ることのできる期間は、1回につき1ヶ月以上1年以下とされています。

②　申出書の提出

　時間外勤務の制限を希望する者に、時間外勤務の制限申出書を提出

させます。

様式例　介護のための時間外勤務制限申出書

<table>
<tr><td colspan="2">取締役社長殿

　　　　　　　　　　　　　　○○年○月○日

　　　　　　　　　　　○○部○○課○○○○</td></tr>
<tr><td colspan="2" align="center">時間外勤務制限申出書</td></tr>
<tr><td>要介護者の氏名・生年月日・続柄</td><td></td></tr>
<tr><td>要介護の状態</td><td></td></tr>
<tr><td>時間外勤務の制限期間</td><td></td></tr>
<tr><td colspan="2" align="right">以上</td></tr>
<tr><td colspan="2">（お願い）開始日の2週間前までに提出すること。</td></tr>
</table>

3　モデル規程

介護支援規程

（総則）

第1条　この規程は、介護支援制度について定める。

（支援制度の種類）

第2条　介護支援制度の種類は、次のとおりとする。

(1)　介護休職

(2)　介護休暇

(3)　時間外労働の制限

(4)　その他法令で定められた制度

（介護休職）

第3条　介護休職の期間は、要介護家族1人につき通算93日とする。

2　休職は、3回を限度に分割して取得することができる。

3　休職をするときは、開始日の2週間前までに申し出なければならない。

4　休職は、無給とする。

5　会社は、復職満了日の2週間前に復職満了日を通知する。

6　休職者は、復職予定日の1週間前までに復職届を提出しなければならない。

7　次の場合には、直ちに復職しなければならない。

（1）　休職期間が終了したとき

（2）　介護の必要がなくなったとき

8　休職者は、復職しないことを決めたときは、速やかに退職届を提出しなければならない。

（介護休暇）

第4条　要介護の家族を介護する社員は、会社に申し出ることにより、介護休暇を取得することができる。

2　休暇の日数は、1年度（4月1日〜翌年3月31日）につき5日（要介護者が2人以上のときは、10日）とする。

3　休暇は、半日単位で取得することもできる。

4　休暇を取得するときは、前日までに申し出なければならない。

5　休暇は、無給とする。

（時間外労働の制限）

第5条　要介護の家族を介護する社員が申し出たときは、1ヶ月24時間、1年150時間を超えて時間外労働を命令しない。ただし、事業の正常な運営を妨げる恐れがある場合は、この限りではない。

2　制限を申し出る期間は、1回につき1ヶ月以上1年以内とする。

3　制限の申出は、開始日の2週間前までに行わなければならない。

（付則）

この規程は、○○年○月○日から施行する。

第4節

介護資金貸付制度

 1　制度の趣旨

　介護には、介護用品の購入またはレンタル、ホームヘルパーの人件費、特別食の購入、調理済み食品の宅配など、さまざまな費用が掛かります。必要なもののすべてが介護保険の対象となり、安い料金で購入できるのが理想ですが、保険の対象とならないものもあります。

　介護保険の対象とならないからといって、家族の介護に必要な用品の購入を控えたり、必要なサービスの利用を見送ったりするというのは、家族の介護者としてためらわれるところです。

　介護に必要とされる資金を貯蓄などでカバーできればそれに越したことはありません。しかし、社員の中には、家族の介護に必要な資金に欠ける者もいるでしょう。

　介護資金貸付制度も、重要な介護支援制度です。

 2　制度の設計

(1)　介護資金の範囲

　資金貸付の対象とするものの範囲を定めます。

図表　介護資金の範囲

①　介護サービスを受ける資金
②　介護用品の購入またはレンタルに要する資金
③　住宅の改築に要する資金
④　その他介護に要する資金

⑵　貸付対象者

　貸付は、福利厚生制度の一環として行うものです。このため、すべての社員を対象とすることが望ましいといえます。しかし、資金の貸付ですから、一定の勤続年数以上の者に限定するのもやむをえないといえるでしょう。

⑶　貸付額

　貸付額の決め方には、実務的に次のようなものがあります。

図表　貸付額の決め方

決め方	貸付額
全員一律に決める	30万円
勤続年数に応じて決める	勤続３年以上　　30万円 勤続６年以上　　50万円 勤続10年以上　　70万円
給与を基準として決める	給与の４倍以内
退職金を基準として決める	退職金の80％

⑷　貸付期間・返済期間

　貸付期間および返済期間を決めます。

⑸　**利息**

貸し付けは、無利息とします。

⑹　**貸付の手続き**

貸し付けは、本人の申請に基づいて行います。

様式例　介護資金貸付申請書

取締役社長殿	○○年○月○日
	○○部○○課○○○○

介護資金貸付申請書

要介護の家族の氏名・生年月日・続柄	
要介護の状態	
貸付資金の使途	
貸付希望額	
貸付希望日	
貸付期間	
返済期間・返済方法	
その他	

以上

3　モデル規程

介護資金貸付規程

（総則）

第1条　この規程は、介護資金貸付制度の取り扱いを定める。

（介護資金の範囲）

第2条　会社は、社員の介護を支援するため、家族を介護する社員に対して、次の資金を貸し付ける。

　⑴　介護サービスを受ける資金

　⑵　介護用品の購入またはレンタルに要する資金

　⑶　住宅の改築に要する資金

　⑷　その他介護に要する資金

（貸し付け対象者）

第3条　貸し付けを受けることのできる者は、次の条件に該当する者とする。

　⑴　家族を介護する者

　⑵　勤続満2年以上

（貸付額）

第4条　貸付額は、本人の基本給の4倍を上限とする。

（貸付期間）

第5条　貸付期間は、3年とする。

（利息）

第6条　貸し付けは、無利息で行う。

（返済期間）

第7条　返済期間は、貸付期間終了後2年とする。

（返済方法）

第8条　返済は、毎月の給与または賞与、もしくはその双方で行うものとする。

（退職する場合）

第9条　返済期間の前、またはその途中で退職するときは、未返済額を一括
　　して返済しなければならない。

（貸付の手続き）

第10条　貸し付けを希望する者は、所定の申請書を提出するものとする。

（付則）

この規程は、○○年○月○日から施行する。

第5節
選択型遠距離介護支援制度

 1　制度の趣旨

(1)　負担の重い遠距離介護

　介護の実態は、人によって異なります。中には、遠く離れた実家に暮らしている親を介護するために、高い交通費と長い時間を掛けて定期的に帰省している人もいます。

　介護を必要とする家族と同居している場合でも、近所に住んでいる場合でも、介護をしながら会社の仕事をするのは大変なことですが、遠距離介護の場合は、空間的な隔たりが大きいだけに、介護と仕事との両立は相当に困難です。

(2)　遠距離介護への支援

　高齢化の進展に伴って、家族の介護に当たる社員が増加しています。しかし、最近は経営環境が厳しさを増しているために、遠距離介護の支援を実施している会社は少ないといわれます。

　会社は、遠距離介護社員の負担を少しでも軽減するためにも、能力と意欲のある人材の離職・退職を防ぐためにも、会社としてできる範囲において、一定の支援を行うのが望ましいといえます。

2　制度の設計

(1)　遠距離介護の定義

　はじめに、「遠距離介護とは、自宅から100km以上離れたところに居住する要介護の家族を介護することをいう」というように、遠距離介護の定義をします。

(2)　支援の内容

　支援の内容を具体的に定めます。

図表　遠距離介護の支援策（例）

①　法定日数を上回る介護休暇の付与
②　月曜の午前または金曜の午後の勤務の免除
③　交通費の補助
④　ガソリン代の補助

(3)　会社への支援の申出

　支援は、社員の申出を受けて行います。

様式例　遠距離介護支援申請書

<table>
<tr><td colspan="2" style="text-align:right">○○年○月○日</td></tr>
<tr><td>取締役社長殿</td><td style="text-align:right">○○部○○課○○○○</td></tr>
<tr><td colspan="2" style="text-align:center">遠距離介護支援申請書</td></tr>
<tr><td>要介護家族の氏名・生年月日・続柄</td><td></td></tr>
<tr><td>居住地</td><td></td></tr>
<tr><td>要介護の状態</td><td></td></tr>
<tr><td>希望する支援の内容</td><td></td></tr>
<tr><td colspan="2" style="text-align:right">以上</td></tr>
</table>

3　モデル規程

遠距離介護支援規程

（総則）

第1条　この規程は、遠距離介護支援制度の取り扱いについて定める。

2　「遠距離介護」とは、自宅から100km以上離れたところに居住する要介護の家族を介護することをいう。

（支援の内容）

第2条　遠距離介護をする社員は、会社に申し出ることにより、次のいずれかの支援を受けることができる。

　(1)　法定日数を上回る介護休暇の取得

　(2)　月曜の午前または金曜の午後の勤務の免除

　(3)　交通費の補助

　(4)　ガソリン代の補助

（法定外介護休暇）

第3条　法定外介護休暇の日数は、1ヶ月1日、1年12日を上限とする。

（勤務の免除）

第4条　勤務の免除は、1ヶ月2回、1年24回を上限とする。

（交通費の補助）

第5条　交通費の補助は、1ヶ月○万円、1年○万円を上限とする。

（ガソリン代の補助）

第6条　ガソリン代の補助は、1ヶ月○万円、1年○万円を上限とする。

（申出事項）

第7条　社員は、この制度の支援を受けることを希望するときは、次の事項を届け出なければならない。

　(1)　家族の氏名、生年月日、続柄

　(2)　家族の居住地

　(3)　要介護の状態

　(4)　希望する支援の内容

　(5)　その他必要事項

（個別の支援の請求）

第8条　個別の支援の申請は、介護を行う都度行うものとする。

（支援の終了）

第9条　社員は、次の場合には、速やかに会社に届け出なければならない。

　(1)　対象家族が社員と同居するか、または社員の近くに転居したとき

　(2)　対象家族の死亡等により、介護を行う必要がなくなったとき

（付則）

この規程は、○○年○月○日から施行する。

高齢者の継続雇用と退職

第 1 節

定年退職者再雇用制度

 ## 1　制度の趣旨

(1)　高齢化と高齢者雇用

　　各種のアンケート調査によると、「あなたは、いつまで働いていたいとお考えですか」という質問に対して、多くの中高年者が「健康である限り、いつまでも働いていたい」と回答しています。働く意欲の強いことが日本の中高年の大きな特徴であるといわれています。

　　しかし、60歳定年を過ぎると、自分の能力や経験を活かせる仕事を見つけることが大変難しくなります。「人材募集・年齢不問」という新聞の求人広告を見て、履歴書と職務経歴書を送付し、面接を受けても、「残念ながら、希望に添いかねる」という返事が届きます。

(2)　高年齢者雇用安定法の定め

　　社会には、「活力」が必要です。働く能力と意欲のある高齢者がその能力と経験を活かせる仕事を得ることによって、社会に活力が出てきます。

　　高齢者の安定した就業の場を確保する目的で施行されている高年齢者雇用安定法は、事業主に対して、定年制の延長や再雇用制度などに

よって、65歳まで労働者を継続的に雇用することを義務付けています。

　多くの会社は、定年を60歳に維持し、定年退職した者が希望するときは、65歳まで嘱託等として再雇用するということで、高年齢者雇用安定法に対応しています。

図表　再雇用制度の効果

①　高齢者の能力と経験を活用できる
②　高齢者の勤労意欲の向上を図れる
③　再雇用者は嘱託であるため、その処遇を比較的自由に決めることができる
④　再雇用制度は、定年制と異なり、経営環境の変化に柔軟に対応することが可能である

2　制度の設計

(1)　再雇用の対象者

　再雇用の対象者は、「再雇用を希望する定年退職者全員」とすることが必要です。60歳定年で退職する者が5人いて、その全員が再雇用を希望したときは、5人全員を再雇用しなければなりません。

　会社の眼から判断すると、定年退職する高齢者は、

・業務上必要である者

・業務上の必要性はあまりない者

の2つに区分されるかもしれません。しかし、そうであるからといって、「業務上必要である者」だけを再雇用の対象とし、「業務上の必要性はあまりない者」は再雇用しないというのは、法令違反です。

　また、勤続年数、資格等級、出勤率、勤務態度などの面で一定の基準を設け、その基準を満たす定年退職者だけを再雇用するという取り扱いも、法令違反となります。

(2)　雇用年齢

　雇用年齢は「65歳まで」です。

　雇用年齢の上限を62歳、63歳までとし、それ以上は雇用しないという取り扱いは、法令違反です。会社は、定年退職者を65歳まで雇用する義務を負っています。

(3)　再雇用者の身分

　再雇用者の身分は「嘱託」とするのがよいでしょう。

図表　身分を嘱託とする理由

①　定年でいったん退職している
②　高齢である
③　雇用期間が限られている
④　一般に責任、権限の範囲が限定された業務を担当する

(4)　定年退職日と再雇用日との間隔

　再雇用日については、図表に示すような取り扱いが考えられます。再雇用制度の趣旨から判断して、再雇用日と定年退職日との間に数ヶ月を置くというのは、好ましくないでしょう。

図表　再雇用日

・定年退職日の翌日とする
・定年退職日の1週間後とする
・定年退職日の1ケ月後とする

(5)　雇用契約の期間

　再雇用者は、嘱託です。このため、雇用契約の期間は6ヶ月、あるいは1年とし、本人の希望に応じて雇用契約を更新することにするのが現実的でしょう。

(6)　定年退職日の通知

　定年は、一定の年齢に到達したときは、自動的に会社との雇用関係が消滅するという制度です。規模の大小を問わず、ほとんどの会社が定年制を実施しています。

　定年制を実施している会社は、定年の一定期間前に、定年退職予定者に対して定年退職日を通知するのがよいでしょう。

様式例　定年退職予定日の通知

　　　　　　　　　　　　　　　　　　　　　　　○○年○月○日

○○部○○課○○○○様

　　　　　　　　　　　　　　　　　　　　　　　取締役社長

　　　　　　　定年退職日について（お知らせ）

　就業規則の定めるところにより、あなたの定年退職日は下記のようになっていますのでお知らせします。

　定年退職後の継続勤務を希望するときは、退職日の2ヶ月前までに申し出てください。

（定年退職日）○○年○月○日

　　　　　　　　　　　　　　　　　　　　　　　　　　以上

---

(7)　再雇用の申出

　再雇用は、本人の希望に基づいて行う制度です。このため、定年退職予定者に対して、再雇用を希望するときは、退職日の一定期間前ま

207

でに、再雇用申出書を提出するように求めます。

図表　再雇用制度のポイント

① 　希望者全員を再雇用する（会社が必要とする者に限定するのは、高年齢者雇用安定法に違反する）

② 　6ヶ月、あるいは1年ごとに雇用契約を更新する

③ 　65歳まで再雇用する

④ 　身分は嘱託とする

⑤ 　給与は、定年退職時の60〜80％程度とする

様式例　継続雇用（再雇用）の申出書

```
                                    ○○年○月○日
  取締役社長殿
                                ○○部○○課○○○○

                     継続勤務申出書
     定年退職後も継続して勤務することを希望します。
                                              以上
```

(8)　再雇用通知書の交付

再雇用を申し出た者に対して、再雇用する旨を通知するのがよいでしょう。

様式例　再雇用通知書

```
                                          ○○年○月○日
○○部○○課○○○○殿

                                              取締役社長

              再雇用について（お知らせ）

  定年退職後、再雇用することを決定しましたのでお知らせします。
（再雇用日）○○年○月○日

                                                    以上
```

(9)　再雇用期間満了の通知

　期間を定めて再雇用したときは、その期間が満了する日を通知します。

(10)　雇用期間延長の申出書の提出

　雇用期間が満了する者に対して、雇用の延長（雇用契約の更新）を希望するときは、延長申出書を提出するように求めます。

様式例　雇用期間延長の申出書

```
                                          ○○年○月○日
取締役社長殿

                                  ○○部○○課○○○○

              雇用期間延長の申出書

  ○○年○月○日をもって再雇用期間が満了となりますが、さらに１年
間雇用期間を延長することを希望します。
                                                    以上
```

⑪　給与

給与については、図表に示すように取り扱うのが現実的でしょう。

図表　再雇用者の給与（フルタイムで勤務する場合）

> ①　給与の構成は、嘱託給一本とする
> ②　家族手当、住宅手当等の生活補助手当は支給しない
> ③　通勤手当は支給する
> ④　給与の形態は、日給月給制とする
> ⑤　給与の水準は、定年退職時の60〜80％程度とする
> ⑥　昇給は行わない

⑫　賞与

再雇用者は、嘱託という身分です。しかし、業務を通して会社の業績の向上に努めるという点では、正社員と何の変りもありません。したがって、賞与を支払うのがよいでしょう。

⑬　退職金

再雇用者については、

　・すでに社員としての勤続期間に対する退職金が支払われている

　・身分が嘱託である

　・再雇用の期間が限られている

などの理由から、退職金を支払う必要はないでしょう。

▶▶▶ 3　モデル規程

定年退職者再雇用規程

第1章　総則

（目的）

第1条　この規程は、定年退職者の再雇用制度について定める。

（適用対象者）

第2条　この規程は、すべての社員に適用する。

（継続勤務の申出）

第3条　定年で退職する者で、定年後も継続して会社に勤務することを希望する者は、定年退職時にその旨を申し出ることができる。

2　申出は、定年退職日の2ヶ月前までに行わなければならない。

（再雇用）

第4条　会社は、継続勤務の申出のあった者全員を再雇用する。ただし、業績不振により雇用が過剰であるときは、この限りではない。

（再雇用日）

第5条　再雇用日は、原則として定年退職日の1週間後とする。

第2章　再雇用の条件

（身分）

第6条　再雇用者の身分は、嘱託とする。

（雇用契約）

第7条　雇用契約は、1年を単位として行う。

2　本人が希望すれば、雇用契約を更改する。

3　雇用契約の更改を希望するときは、雇用契約期間満了日の2週間前までに申し出るものとする。

（雇用年齢の上限）

第8条　雇用年齢の上限は、65歳とする。

（業務内容・所属部門）

第9条　業務内容および所属部門は、原則として定年到達時と同一とする。

（役職）

第10条　役職には、任用しない。ただし、経営上特に必要であると認めるときは、この限りではない。

（勤務時間・休日・休暇）

第11条　勤務時間、休日および休暇は、定年到達時と同一とする。

（勤続年数の取り扱い）

第12条　年次有給休暇の付与日数に係る勤続年数の算定において、定年前の勤続年数を通算する。

（社会保険・労働保険）

第13条　社会保険（厚生年金保険・健康保険・介護保険）および労働保険（雇用保険・労災保険）は、継続する。

第3章　給与・退職金

（給与）

第14条　給与は、次の事項を評価して決定する。

　(1)　業務内容

　(2)　業務遂行能力

　(3)　業務の成果

　(4)　その他

2　通勤手当は、全額支給する。

3　家族手当、住宅手当その他生活補助の手当は支給しない。

（昇給）

第15条　昇給は、行わない。

（賞与）

第16条　夏季と年末に賞与を支給する。ただし、業績が不振であるときは、

　支給しない。

（退職金）

第17条　退職金は支給しない。

第4章　退職

（退職の申出）

第18条　契約期間の途中で退職するときは、退職日の2週間前までに申し出なければならない。

（契約の非更改の申出）

第19条　雇用契約の更改を希望しないときは、契約満了日の2週間前までに申し出なければならない。

（付則）

この規程は、○○年○月○日から施行する。

第2節

高齢子会社での
定年退職者再雇用制度

 1　制度の趣旨

　会社の中ではさまざまな仕事が行われていますが、高齢者にふさわしい仕事があります。身体的・精神的な負荷の少ない仕事、定型的な要素の多い仕事、さらには、人当たりの良さが特に求められる仕事などです。

　高齢者にふさわしい仕事を専門的・集中的に行う会社を子会社として設立し、その子会社で定年退職者を受け入れ、65歳まで継続雇用するという方法も考えられます。

　20歳も30歳も年齢差のある若い社員と同じ職場で働くのは、高齢者に緊張感を与えます。しかし、同じ世代の者だけであれば、緊張することなく、仕事をすることができます。

図表　高齢子会社による再雇用の効果

①　高齢者が仲間意識を持って明るく働ける場を確保できる
②　高齢者の勤労意欲の向上を図れる
③　高齢子会社の独立採算経営を強化できる
④　高齢者の労働条件（給与その他）を比較的自由に決定できる

2　制度の設計

(1)　継続雇用の申出

　定年退職者の65歳までの継続雇用は、高齢子会社で行うものとし、定年退職者に対して、「定年退職後も就業を希望するときは申し出ること」を求めます。

様式例　継続雇用（再雇用）の申出書

　　　　　　　　　　　　　　　　　　　　　　　　　　○○年○月○日

取締役社長殿

　　　　　　　　　　　　　　　　　　　　　　○○部○○課○○○○

　　　　　　　　　　　　　　継続勤務申出書

　定年退職後も○○株式会社（高齢子会社）において、継続して勤務することを希望します。

　　　　　　　　　　　　　　　　　　　　　　　　　　　　　以上

---

(2)　65歳までの継続雇用

　継続雇用を申し出た定年退職者を高齢子会社において65歳まで継続的に雇用します。

3　モデル規程

定年退職者再雇用規程

（総則）

第1条　この規程は、定年退職者の再雇用制度について定める。

（適用対象者）

第2条　この規程は、すべての社員に適用する。

（継続勤務の申出）

第3条　定年で退職する者で、定年後も継続して会社に勤務することを希望
　　する者は、定年退職時にその旨を申し出ることができる。

2　申出は、定年退職日の2ヶ月前までに行わなければならない。

（再雇用）

第4条　会社は、継続勤務の申出のあった者全員を、高齢者を主体とする子
　　会社（高齢子会社）におい再雇用する。

（再雇用日）

第5条　再雇用日は、原則として定年退職日の1週後とする。

（身分）

第6条　再雇用者の身分は、嘱託とする。

（雇用契約）

第7条　雇用契約は、1年を単位として行う。

2　本人が希望すれば、雇用契約を更新する。

（雇用年齢の上限）

第8条　雇用年齢の上限は、65歳とする。

（再雇用者の労働条件）

第9条　再雇用者の労働条件（労働時間・休日・休暇、給与、その他）は、
　　高齢子会社の就業規則の定めるところによる。

（付則）

この規程は、○○年○月○日から施行する。

第３節

再雇用者の
フリー勤務制度

 ## 1　制度の趣旨

　高年齢者雇用安定法は、事業主に対して、65歳までの継続雇用を義務付けるとともに、65歳から70歳までの就業確保を努力義務としています。

　しかし、「70歳まで働ければ満足だ」「70歳以降は働きたくない」と考えている人は少ないかもしれません。多くの人は「健康であれば、いつまでも働いていたい」と思っているのではないでしょうか。

　働いて社会に参加することは、多くの高齢者にとって「生きがい」であり、「生活のハリ」です。ところが、いつまでも働けるという職場は、それほど多くはありません。あったとしても、労働条件が厳しいのが現実です。「高齢者のフリー勤務」とは、高齢者が希望すれば、年齢に関係なくいつまでも働くことができるという制度です。

図表　高齢者フリー勤務制度の効果

①　働く能力と意欲のある高齢者に安心感を与えることができる
②　高齢者の勤労意欲を向上できる
③　高齢者の経験、能力を活用できる

2　制度の設計

(1)　雇用契約の上限年齢

　雇用契約については、上限年齢を定めず、本人が希望すれば、雇用契約を更新し、雇用を継続することを明確にします。

様式例　再雇用の通知書

○○部○○課○○○○様

〇〇年〇月〇日

取締役社長

再雇用の通知書

　嘱託として再雇用する。
（再雇用期間）〇〇年〇月〇日から1年
（注）希望すれば、雇用契約を更新する。雇用年齢について、上限は
　　設けない。

以上

(2)　契約の非更改

　高齢者に限らず、誰でも無理のない範囲で働くことが望まれます。再雇用者が次のいずれかに該当するときは、雇用契約を更改しないものとします。

図表　雇用契約を更改しないとき

・業務の効率が著しく低下したとき
・遅刻、早退、欠勤が多く、服務規律の良くないとき
・健康を害し、回復が期待できないとき
・その他、業務の円滑な遂行が困難であると認められるとき

3　モデル規程

高齢再雇用者の雇用契約規程

（総則）

第1条　この規程は、再雇用者の雇用契約について定める。

（適用対象者）

第2条　この規程は、すべての再雇用者に適用する。

（雇用契約）

第3条　雇用契約は、1年を単位として締結する。

2　再雇用者が希望すれば、雇用契約を更新する。

（雇用契約の上限年齢）

第4条　雇用契約については、上限年齢を定めない。本人が希望すれば、雇用契約を更新し、雇用を継続する。

（契約の非更改）

第5条　前条の定めにかかわらず、再雇用者が次のいずれかに該当するときは、雇用契約を更改しない。

(1)　業務の効率が著しく低下したとき

(2)　遅刻、早退、欠勤が多く、服務規律の良くないとき

(3)　健康を害し、回復が期待できないとき

(4)　その他、業務の円滑な遂行が困難であると認められるとき

（付則）

この規程は、○○年○月○日から施行する。

第 4 節

高齢者の勤務時間
選択制度

 1　制度の趣旨

　再雇用者の勤務時間についての考えは、人によって異なります。「フルタイムで働きたい」という人もいれば、「高齢だから時間を短くして働きたい」という考えの人もいます。

　また、定年退職直後は、「健康に自信があるからフルタイムで働く」と意気込んでいても、身体的・精神的な衰えを自覚するにつれて、「時間を短くして働きたい」という考えに変化する可能性もあります。

　このような事情を考慮すると、再雇用者（高齢者）については、

　・フルタイムで働く

　・時間を短くして働く

という 2 つの選択肢を用意し、そのいずれかを本人に選択させるのが望ましいといえます。

 2　制度の設計

(1)　勤務時間の選択肢

　勤務時間の選択肢を決めます。例えば、図表に示す 3 つの選択肢を

用意します。

図表　勤務時間の選択肢

① フルタイム勤務（1日8時間・週40時間勤務）
② 短時間勤務（1日の勤務時間を短縮して勤務する）
③ 週4日勤務（1日8時間勤務）

(2)　短時間勤務の決め方

短時間勤務の決め方には、実務的に次の3つがあります。

・本人に決めさせる

・会社で指定する

・会社でいくつかの種類を用意し、その中からいずれかを本人に選
択させる

図表　短時間勤務の決め方

決め方	勤務時間
本人に時間帯を決めさせる	
会社で指定する	始業午前10時〜終業午後5時（休憩・正午〜午後1時）（6時間勤務）
会社で複数の時間帯を示し、いずれかを選択させる	次のいずれかを選択させる。 ① 始業午前8時〜終業午後3時（休憩・正午〜午後1時） ② 始業午前10時〜終業午後5時（休憩・正午〜午後1時）

(3)　選択の時期と期間

勤務時間の選択は、毎年1月または4月に行い、その後1年間継続
するのが便利でしょう。

様式例　勤務時間勤務申出書

取締役社長殿	○○年○○月○○日
	○○部○○課○○○○

勤務時間届

勤務時間の選択	□フルタイム勤務 □短時間勤務 □週4日勤務
短時間勤務の始業・終業時刻	
週4日勤務の場合の勤務日	
その他	

以上

(4)　時間外・休日勤務の制限

　短時間勤務および週4日勤務を選択した者に対しては、特別の事情がない限り、時間外勤務および休日勤務は命令しないことにするのがよいでしょう。

3　モデル規程

高齢社員勤務時間選択規程

（総則）

第1条　この規程は、60歳以上の社員の勤務時間の取り扱いについて定める。

（適用対象者）

第2条　この規程は、60歳以上のすべての社員に適用する。

（勤務時間の選択）

第3条　対象社員は、毎年度、次のいずれかを選択し、これを会社に申し出るものとする。

⑴　フルタイム勤務（1日8時間・週40時間勤務)

⑵　短時間勤務（1日の勤務時間を短縮して勤務する)

⑶　週4日勤務（1日8時間勤務)

2　短時間勤務を選択したときは、始業時刻・終業時刻を申し出るものとする。

3　週4日勤務を選択したときは、勤務日を申し出る。

（時間外・休日勤務の取り扱い）

第4条　会社は、短時間勤務および週4日勤務を選択した者に対しては、特別の事情がない限り、時間外勤務および休日勤務は命令しない。

（年度の途中での勤務時間の変更）

第5条　選択した勤務時間を年度の途中において変更することはできない。

　ただし、体調の変化その他の特別の事情が生じたときは、この限りではない。

（付則）

この規程は、○○年○月○日から施行する。

第 5 節

役職離脱者進路選択制度

 ## 1　制度の趣旨

(1)　役職定年制の効用

　役職者（部長・課長・係長）は、部門（部・課・係）の最高責任者です。どの会社も売上、受注、利益などについて年間の目標を立てて経営を進めるわけですが、経営目標・経営計画を達成できるかどうかは、役職者の力量に大きく左右されます。

　役職者が経営環境を良く把握し、部下を適切に指導監督することにより、初めて経営目標・経営計画が達成され、他社との激しい競争の中で成長発展することが可能となります。

　役職者には、強い指導・統率力、マネジメント能力、先見力・企画力、総合的な判断力、環境の変化に対する適応力と柔軟性などが求められます。しかし、一般に高齢になると、それらの能力が低下します。その結果、業績が次第に低下し、経営基盤が揺らぐことになります。

　そこで、役職者の高齢化に伴う弊害の発生を防止するために、一定の年齢に達したら役職を離脱し、後進に道を譲るという、いわゆる役職定年制が実施されています。役職定年制は、会社が組織としての活力（成長力・適応力・影響力）を維持するための現実的な方策といえ

ます。

(2)　役職離脱者の進路選択制度の趣旨

　役職定年制において、1つの大きな課題は「役職離脱者をどのように処遇するか」です。処遇が適切でないと、当然のことながら役職者は、不安・不満を感じます。勤労意欲や会社への信頼感を低下させる可能性もあります。

　「役職離脱者進路選択制」は、役職定年制の定めによって部長・課長・係長等の役職（ポスト）を離脱した者に対していくつかの進路（コース）を用意し、各人に選択させるという制度です。

図表　進路選択制度の効果

①　役職離脱者の多様な生活設計を支援できる
②　役職離脱者の将来に対する不安感を除去できる
③　役職離脱者の経験・能力・人脈を活用できる

2　制度の設計

(1)　選択できる進路

　役職離脱者が選択する進路を具体的に定めます。例えば、図表のような進路を設けます。

図表　役職離脱者の進路

①	定年前退職コース➡役職離脱後、定年前に退職するコース
②	定年退職コース➡役職離脱後、同一部門で業務に従事し、定年（60歳）で退職するコース
③	65歳継続再雇用コース➡役職離脱後、専門職または専任職として定年（60歳）まで勤務し、その後嘱託として65歳まで継続的に雇用されるコース
④	子会社出向コース➡役職を離脱するときに子会社へ出向し、子会社で65歳まで勤務するコース

(2)　退職金の優遇

　役職離脱時に退職する者については、定年前に退職するという事情に配慮して、退職金を優遇するのが望ましいといえます。優遇の方法には、実務的に、図表に示すものがあります。

図表　退職金の優遇方法

①	退職金の一定割合を加算する➡例えば、退職金の40％を加算する
②	給与の一定月数分を加算する➡例えば、給与の12ヶ月相当額を加算する
③	一定額を加算する➡例えば、部長1,000万円、課長700万円、係長400万円を加算する
④	定年（60歳）退職時の勤続年数に相当する支給率を用いて退職金を計算する

(3)　進路の選択時期

　進路の選択は、役職離脱時の数ヶ月前に行うのが現実的でしょう。

⑷　会社への届出

役職離脱者は、進路を選択したときは、会社に届けます。

様式例　進路選択届

〇〇年〇月〇日

取締役社長殿

〇〇部〇〇課長

進路選択届

次の進路を選択します。
　　□定年前退職コース
　　□定年退職コース
　　□65歳継続雇用コース
　　□子会社出向コース

以上

3　モデル規程

役職離脱者進路選択規程

（総則）

第1条　この規程は、役職者進路選択制度について定める。

（適用対象者）

第2条　この規程は、すべての役職者に適用する。

（進路の選択）

第3条　役職者は、「役職定年制度」の定めるところによって55歳で役職を
離脱するときに、次の進路のいずれかを選択することができる。

⑴　役職離脱後1年以内に退職するコース（55歳退職コース）

⑵　役職離脱後、専門職または専任職として同一部門で業務に従事し、定

227

　年（60歳）で退職するコース（定年退職コース）

⑶　役職離脱後、専門職または専任職として定年（60歳）まで勤務し、その後嘱託として65歳まで継続的に雇用されるコース（65歳継続再雇用コース）

⑷　役職を離脱するときに子会社へ出向し、子会社で65歳まで勤務するコース（子会社出向コース）

（退職金の優遇）

第4条　55歳退職コースを選択し、55歳で退職する者については、所定の退職金の40％相当額を割り増し支給する。

（進路の選択時期）

第5条　進路の選択は、役職離脱日1ヶ月前までに行う。

（届出）

第6条　進路を選択したときは、これを会社に届け出る。

（留任命令）

第7条　会社は、役職離脱者の後任者が決まらないときは、引き続き役職に留まることを命令することがある。

（付則）

この規程は、○○年○月○日から施行する。

第6節

選択定年制度

 1　制度の趣旨

　社員の中には定年（60歳）の前に退職し、起業、他社への転職など、「第二の人生」へのチャレンジを考えている者もいるでしょう。

　最近は、農村に移り住み、農業で生計を立てる人が少しずつ増えているといわれます。

　第二の人生は、スタートの年齢が若ければ若いほど、成功する確率が高いといわれます。それだけ、体力と精神力、柔軟性と適応力が要求されるということでしょう。

　選択定年制は、社員の第二の人生へのチャレンジを側面的に支援する目的で、定年前の退職を退職金の面で優遇する制度です。「早期退職優遇制度」と呼ばれることもあります。

図表　選択定年制度の効果

①　中高年社員の生活設計を支援することができる
②　人事ローテーションを活発にできる
③　高齢化の進展を多少抑制できる

2　制度の設計

(1)　制度の適用対象者

　選択定年制の適用対象者の決め方には、主として図表に示すような
ものがあります。

図表　対象者の決め方

決め方	例
年齢基準方式	50歳以上の者
勤続年数方式	勤続20年以上の者
年齢・勤続年数併用方式	50歳以上、かつ勤続10年以上の者

(2)　退職金の優遇方法

　退職金の優遇には、実務的に図表に示すような方法があります。

　当然のことですが、退職金の優遇の内容に魅力がないと、選択定年
制を実施しても、退職を申し出る者はでません。この制度を実施する
ときは、退職金の優遇が社員にとって魅力的かどうかを十分検討する
必要があります。

図表　退職金の優遇方法

優遇方法	例
退職金の一定割合を加算する	・50〜52歳➡所定退職金の160％を支給 ・53〜55歳➡所定退職金の140％を支給 ・56〜58歳➡所定退職金の120％を支給
給与の一定月数分を加算する	・50〜52歳➡給与の18ヶ月分を加算 ・53〜55歳➡給与の12ヶ月分を加算 ・56〜58歳➡給与の6ヶ月分を加算
定額を加算する	・50〜52歳➡1,000万円加算 ・53〜55歳➡750万円加算 ・56〜58歳➡500万円加算
60歳定年退職時の勤続年数に相当する支給率を使用して退職金を計算する	

(3)　退職申出の受け付け

　社員からの退職申出については、

　・1年中受け付ける

　・毎年、一定の期間を限って受け付ける

の2つがあります。

　1年中受け付けると、「いつでも優遇を受けて退職できる」という安心感に支配され、制度に対する関心が次第に低下し、制度が忘れ去られる可能性があります。制度への関心を維持するという観点からすると、毎年一定の期間を限って退職の申出を受け付けるのがよいでしょう。

(4)　退職届の提出

　選択定年制度を利用して退職することを希望する人は、所定の期間中に退職届を提出します。

様式例　退職届

〇〇年〇月〇日

取締役社長殿

〇〇部〇〇課〇〇〇〇

退職届

　選択定年制度により退職いたします。

　（誓約）退職後において、会社と競業する事業を営まないこと、会社と競争関係にある会社に再就職しないことを誓約します。

以上

3　モデル規程

選択定年規程

（総則）

第1条　この規程は、選択定年制度の取り扱いについて定める。

（適用対象者）

第2条　この制度は、すべての社員に適用する。

（退職金の優遇）

第3条　会社は、次の2つの条件を満たす社員が退職するときは、退職金を優遇する。ただし、退職申出の直前5年間に減給または出勤停止の懲戒処分を受けた者は除く。

　(1)　退職申出時において勤続10年以上

　(2)　退職申出時において55歳以上58歳以下

（退職金の優遇内容）

第4条　退職金の優遇は、次のとおりとする。

　　　　50〜52歳➡所定退職金の160％を支給

　　　　53〜55歳➡所定退職金の140％を支給

　　　　56～58歳➡所定退職金の120％を支給

2　退職金は退職日に支給する。

（退職申出の受付期間）

第5条　退職の申出は、毎年、次の期間に受け付ける。

　（退職申出の受付期間）　9月1日～10月31日

2　受付期間中において申出者が会社の想定を上回ったときは、申出の受け

　付けを中止することがある。

（退職日）

第6条　退職日は、退職を申し出た年の12月31日とする。

（退職者の心得）

第7条　退職者は、次のことに留意しなければならない。

　⑴　退職日まで誠実に勤務すること

　⑵　会社が指定した者との間で業務の引継ぎを完全に行うこと

　⑶　会社からの貸与品があるときは、返還すること

　⑷　机、ロッカー等に私物を残さないこと

（退職金の返還請求）

第8条　会社は、退職者が退職後において次の行為をしたときは、退職金の

　返還を請求し、かつ、会社が受けた損害の賠償を請求する。

　⑴　会社の許可を得ることなく、会社と競業する事業を興し、または同業

　　他社に再就職したとき

　⑵　在職中に知り得た会社の営業機密を他に漏洩したとき

（付則）

この規程は、○○年○月○日から施行する。

第7節

転身準備休職制度

 ## 1　制度の趣旨

　定年前に退職して第二の人生をスタートさせたい、と考えている中高年社員が少なくありません。その具体的な内容は人によって異なりますが、いずれの進路を選択しても、相当の準備期間が必要となります。

　例えば、第二の人生計画の代表ともいえる起業の場合、土地・店舗の選定、賃貸または購入の交渉、建物の設計、内装、所要資金の調達、従業員の手配など、多岐にわたり、相当の日数を要します。

　また、最近は、自宅を拠点としてフリーランスを志向する中高年が増えているといわれますが、フリーランスへの転身にしても、発注会社の確保に一定の期間を要します。友人・知人にフリーランスへの転身の挨拶状を送付すれば、安定的に仕事が回ってくるというわけではありません。

　第二の人生を目指す中高年社員に対して、定年退職日の前に一定の休職を認める制度が「転身準備休職制度」です。

2　制度の設計

(1)　転身準備の範囲

　はじめに、転身準備の範囲を明確にします。例えば、図表に示す活動を転身準備活動とします。

図表　転身準備の範囲

①　資格の取得
②　独立自営のための資金の調達
③　独立自営のための土地、店舗の選定、取得
④　店舗の設計、内装
⑤　雇用する従業員の確保
⑥　顧客獲得のためのPR活動
⑦　官庁への諸手続き
⑧　再就職探し
⑨　その他、転身準備のための活動

(2)　休職できる社員の条件

　休職することができる社員の条件を定めます。

図表　対象者の決め方

決め方	例
年齢基準方式	50歳以上の者
勤続年数方式	勤続20年以上の者
年齢・勤続年数併用方式	50歳以上、かつ勤続10年以上の者

(3)　休職期間

休職期間を決めます。

(4)　申出事項・申出期限

休職するときは、開始日の前に、休職期間、転身準備活動の内容を会社に届け出るものとします。

様式例　休職届

	○○年○月○日
取締役社長殿	
	○○部○○課○○○○

休職届

休職期間	
転身準備活動の内容	
その他	

以上

(5)　退職

転身準備休職をした者は、定年退職日以前に退職するものとします。

(6)　転身準備支援金の支給

転身の準備活動をするには一定の経費が必要となります。活動資金の一部を支給するのが望ましいといえます。

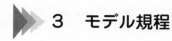

3　モデル規程

転身準備休職規程

（総則）

第1条　この規程は、高齢社員の転身準備休職について定める。

2　転身準備とは、次の活動をいう。

（1）　資格の取得

（2）　独立自営のための資金の調達

（3）　独立自営のための土地、店舗の選定、取得

（4）　店舗の設計、内装

（5）　雇用する従業員の採用

（6）　顧客獲得のためのPR活動

（7）　官庁への諸手続き

（8）　再就職探し

（9）　その他、転身準備のための活動

（適用対象者）

第2条　この規程は、すべての社員に適用する。

（休職できる者）

第3条　満55歳以上58歳以下の社員は、あらかじめ会社に申し出ることにより、転身準備休職をすることができる。

2　前項の定めにかかわらず、次の場合には、休職できない。

（1）　会社の事業と同一の事業を予定しているとき

（2）　再就職先の事業が会社と同一のとき

（3）　再就職先が事実上確定しているとき

（休職期間）

第4条　休職期間は、6ヶ月以内とする。

（申出事項・申出期限）

第5条　休職するときは、開始日の1ヶ月前までに、次の事項を届け出なければならない。

 ⑴　休職の開始日、終了日

 ⑵　転身準備活動の内容

 ⑶　その他必要事項

（給与の取り扱い）

第6条　転身準備休職は、無給扱いとする。

（退職）

第7条　この制度を利用した者は、定年退職日以前に退職しなければならない。

（転身準備支援金の支給）

第8条　会社は、休職する者に対して支援金を支給する。

2　支援金は、基本給相当額とする。

（勤続年数の取り扱い）

第9条　退職金の算定において、休職期間は、勤続年数に通算する。

（付則）

この規程は、○○年○月○日から施行する。

第8章

健康・体力づくり

第1節

選択型健康・体力づくり運動制度

 1　制度の趣旨

　社員は、誰もが健康の大切さを意識しています。健康の大切さ・重要性を否定する者は一人もいないでしょう。しかし、実際には、仕事や家事・育児、あるいは日常生活の雑事に追われて、健康の維持・増進のための取り組みは怠りがちです。

　健康と体力づくりは、組織的・継続的に取り組むことが必要です。日常の定期的・継続的な運動が健康の維持・増進につながるのです。

　「選択型健康・体力づくり運動」は、気軽にできる運動について、一定の目標を設定し、各人がその目標の達成のために自主的・計画的に取り組むというものです。

 2　制度の設計

(1)　対象種目

　制度の対象とする運動・スポーツの種目を決めます。種目は、
　・日常的にできるもの
　・費用があまりかからないこと

__media__/8f84e10d4180a12c1c5ac94f0c58a22a.image.0.png

を基準として選定します。例えば、次のものとします。

　散歩／普通の歩行／ランニング／なわとび／ラジオ体操／キャッチボール／水泳／テニス

⑵　基準ポイント

　「どれくらいのエネルギーを費消するか」「体力をどれほど使うか」という観点から、種目ごとの基準ポイントを定めます。例えば、次のとおりです。

- ・散歩➡60分につき1ポイント
- ・普通の歩行➡30分につき1ポイント
- ・ランニング➡1kmにつき1ポイント

⑶　目標ポイント数

　1ヶ月の目標ポイント数を定めます。加齢によって体力が低下することを考えると、目標ポイント数は、年齢の区分に応じて設定するのが現実的・合理的でしょう。例えば、

- ・20歳代➡45ポイント
- ・30歳代➡40ポイント

などと決めます。

⑷　獲得ポイント数の報告

　社員は、スポーツをするたびにポイントを記録し、1ヶ月が経過したら会社に報告します。

様式例　獲得ポイントの報告

○その１（日にちごとの報告）

健康・体力づくり運動事務局宛

　　　　　　　　　　　　　　　　　　　　　　○○部○○課○○○○

健康・体力づくりポイント報告（○○年○○月）

日	曜日	ポイント	日	曜日	ポイント	日	曜日	ポイント
1			11			21		
2			12			22		
3			13			23		
4			14			24		
5			15			25		
6			16			26		
7			17			27		
8			18			28		
9			19			29		
10			20			30		
						31		
小計			小計			計		

以上

（注）翌月の５日までに職場の健康・体力づくり運動推進員に提出すること。

○その2　（種目ごとの報告）

健康・体力づくり運動の報告（○○年○月）			
所属部課		**氏名**	

（種目別）

種目	獲得ポイント	特記事項
散歩		
普通の歩行		
ランニング		
なわとび		
ラジオ体操		
キャッチボール		

（以下、省略）

(5)　好成績者の公表

　目標ポイントの達成において高い成績を収めた者の氏名を公表し、この運動に対する社員の関心を高めるのがよいでしょう。

様式例　好成績者の発表

○その1　（年齢区分別の発表）

好成績者の氏名（○○年○月）		
	氏名・獲得ポイント	備考
20代		
30代		
40代		
50代以上		

以上

243

○その2（全年齢の発表）

好成績者の一覧（○○年○○月）			
所属	氏名	獲得ポイント	備考

以上

3　モデル規程

健康・体力づくり運動規程

（総則）

第1条　この規程は、健康・体力づくり運動について定める。

2　「健康・体力づくり運動」とは、スポーツの種目ごとに基準ポイントを設定するとともに、年齢の区分に応じて1ヶ月の達成目標ポイントを定め、社員各人がその達成に向けてチャレンジすることにより、健康と体力の維持・増進を図る運動をいう。

（対象種目）

第2条　対象とする種目は、次のとおりとする。

　散歩／普通の歩行／ランニング／なわとび／ラジオ体操／キャッチボール／水泳／テニス

（基準ポイント）

第3条　種目ごとの基準ポイントは、別表1のとおりとする。

（目標ポイント数）

第4条　1ヶ月の目標ポイント数は、別表2のとおりとする。

2　社員は、目標ポイント数を達成するように努めなければならない。

（会社への報告）

第5条　社員は、この規程に定めるスポーツをしたときは、獲得ポイントを記録し、翌月の5日までに会社（人事課）に提出しなければならない。

（好成績の公表）

第6条　会社は、毎月、好成績を収めた者の氏名を公表する。

（付則）

この規程は、○○年○○月○○日から施行する。

（別表1）基準ポイント

散歩	60分につき1ポイント
普通の歩行	30分につき1ポイント
ランニング	1kmまたは15分につき1ポイント
なわとび	10分につき1ポイント
ラジオ体操	10分につき0.5ポイント
キャッチボール	10分につき0.5ポイント
水泳	50mまたは10分につき1ポイント
テニス	10分につき0.5ポイント

（別表2）1人1ヶ月の目標ポイント数

20歳代	45ポイント
30歳代	40ポイント
40歳代	35ポイント
50歳代	30ポイント
60歳代	20ポイント

4　社員への参加の呼びかけ

　健康・体力づくり運動を企画・実施しても、参加する社員が少なくては、あまり意味はありません。また、参加者が少なくては、健康な社員は増加せず、会社全体としてみた場合の社員の健康度は改善されません。

　一人でも多くの社員が日常的・計画的に体を動かし、スポーツに集中することによって健康な職場が形成され、社員の健康度が改善します。

　この運動の実施を決定したときは、社員に対して、参加を呼びかける通知を発信するのがよいでしょう。

＜社員への参加の呼びかけ＞

　　　　　　　　　　　　　　　　　　　　　　　　　○○年○月○日

社員の皆さんへ

　　　　　　　　　　　　　　　　　　　　　　　　取締役社長

　　　　　　健康・体力づくり運動について（参加の勧め）

　会社生活を続けていくうえで、健康はきわめて重要です。しかし、仕事の忙しさなどに紛れて、健康の維持・増進の行動はおろそかになりがちです。

　健康であることは、社員本人にとって望ましいことであると同時に、会社にとっても好ましいことです。そこで、会社は、社員の健康・体力づくり運動を実施することとしました。

　この運動は、誰でも日常的にすることができる運動・スポーツについて、1ヶ月の目標ポイントを定め、各人がその目標の達成に向けて努めるというものです。内容は規程（別紙）のとおりです。

　参加は、各人の自由ですが、この運動の趣旨を理解し、一人でも多くの社員が参加することを期待します。

　　　　　　　　　　　　　　　　　　　　　　　　　　　　以上

第 2 節

一駅てくてく運動

 1　制度の趣旨

　都市部では、電車・バスは、重要な通勤手段として広く利用されています。都市に住んでいて、電車・バスを利用することなく、歩いて会社に通勤できる人は、きわめて少ないでしょう。始業時刻の10分、20分前に家を出て歩いて会社に行き、終業後また歩いて家に帰れるというのは、都市のビジネスパーソンにとって、夢のまた夢です。

　混雑する電車・バスは、苦痛以外の何物でもありませんが、通勤を健康に役立てることも考えられます。

　例えば、自宅から一駅だけ歩き、次の駅から電車に乗って会社に行きます。あるいは、会社の最寄り駅の1つ前で電車を降り、歩いて会社に行きます。

　歩くことは、健康に良いことです。1回当たりの歩く距離、歩く時間が短くても、毎日定期的に行えば、健康の維持・増進に効果が期待できます。

2　制度の設計

(1)　参加の自由

　この運動に参加するかしないかは、あくまでも社員の自由とし、会社として強制はしないことにします。

(2)　徒歩の対象

　徒歩の対象は、次の1つ以上とします。

図表　徒歩の対象

・毎朝、自宅の最寄り駅の次の駅まで歩き、そこから電車・バスで会社に向かう ・毎朝、会社の最寄り駅の1つ前で下車し、そこから歩いて会社に向かう ・退社後、会社の最寄り駅の次の駅まで歩き、そこから電車・バスで自宅に向かう ・退社後、自宅の最寄り駅の1つ手前で下車し、そこから歩いて自宅に向かう

3　社員への参加の呼びかけ

　この運動を実施するときは、その趣旨と内容を社員に知らせ、運動に参加するよう、呼びかけます。

＜社員への呼びかけ＞

○○年○○月○○日

社員の皆さんへ

人事部長

一駅てくてく運動について（お知らせ）

　通勤時間帯の電車・バスは、３密を発生させます。新型コロナウィルスの感染を防止するためには、３密の機会を少しでも短くすることが必要です。

　一方、歩くことは、健康の維持・増進につながります。

　そこで、会社は、一駅てくてく運動を実施することとしました。これは、次のうちのいずれか１つ以上を毎日実施するというものです。

① 　毎朝、自宅の最寄り駅の次の駅まで歩き、そこから電車・バスで会社に向かう

② 　毎朝、会社の最寄り駅の１つ前で下車し、そこから歩いて会社に向かう

③ 　退社後、会社の最寄り駅の次の駅まで歩き、そこから電車・バスで自宅に向かう

④ 　退社後、自宅の最寄り駅の１つ手前で下車し、そこから歩いて自宅に向かう

　一人でも多くの社員がこの運動に参加することを期待します。

　なお、この運動は、参加を強要するものではありません。参加するかしないかは、各人の自由です。

以上

第3節
地域スポーツクラブ参加の支援制度

 1　制度の趣旨

　地域ごとに、さまざまなクラブ、サークル、団体、同好会が結成され、活動をしています。その活動内容は、実に多種多様です。公民館などに行くと、実に多様な団体が結成され、それぞれの活動を楽しくやっていることがよく分かります。

　運動・スポーツについても、地域社会において、歩行、野球、テニス、サッカー、ジョギングなどのクラブや同好会が結成されています。

　地域の運動・スポーツの団体に加入すると、仲間とフランクに交流しながら、自然な形で定期的に体を動かすようになります。

　社員が地元の運動・スポーツの会に参加する場合に、その経費の一部を補助することにより、健康・体力づくりを側面的に支援することが考えられます。

図表　地域のスポーツ団体への参加の効果

・定期的に運動することにより、健康の維持・増進が図られる
・地域住民との交流により、生活の充実感を味わえる
・仕事に起因するストレスが解消される

2　制度の設計

(1)　制度の適用対象者

全社員を対象とします。

(2)　対象のスポーツクラブ

支援の対象とするスポーツクラブの範囲を定めます。例えば、次の
クラブを対象とします。

歩け歩け運動／ランニング／野球／テニス／サッカー

(3)　支援の対象

支援の対象を具体的に定めます。例えば、「クラブの会費の○％を
補助する。ただし、1人当たり年間○万円を上限とする」と定めます。

(4)　補助金支給の手続き

補助金の支給を希望する者は、会社宛てに申請書を提出するものと
します。

様式例　補助金申請書

	○○年○月○日
取締役社長殿	○○部○○課○○○○

地域スポーツクラブ補助金申請書

スポーツクラブの名称	
会費（月額）	
補助金（会費の○%）	
その他	

以上

(5)　支給対象者名簿の作成

　この制度を適正に実施するため、支給対象者の名簿を整備しておきます。

様式例　補助金支給対象者名簿

スポーツクラブ補助金対象者名簿（○○年度）

所属・氏名	参加団体名	参加年月日	月会費	補助金	備考

以上

3　モデル規程

地域スポーツクラブ参加の支援制度実施要領

○○年○月○日

1　制度の趣旨

社員が地域社会のスポーツクラブに参加することにより、健康の増進と体力づくりが図られるとともに、地域社会との交流が図られ、生活が充実する。このため、社員の地域スポーツクラブへの参加を促進する目的で、費用補助を行う。

2　対象者

全社員

3　対象のスポーツクラブ

地域住民で組織される次のクラブとする。

歩け歩け運動／ランニング／野球／テニス／サッカー

4　支援の内容

クラブの会費の○％を補助する。ただし、1人当たり年間○万円を上限とする。

5　補助金支給の手続き

補助金の支給を希望する者は、会社宛てに申請書を提出する。

6　補助金の締切日・支給日

毎月末日締め切り、翌月25日払い

以上

第4節

選択型がん検診費補助制度

 1　制度の趣旨

　会社にとって、社員は重要な資産です。社員ほど経営上大切な資産はないでしょう。

　がんの予防は、早期発見・早期治療に尽きるといわれています。社員に対して、定期的にがん検診の受診を促すとともに、その費用の一部を補助する制度を実施することが望まれます。

 2　制度の設計

(1)　対象社員の範囲

　対象者は、一定年齢以上の者とします。ただし、乳がん、子宮がんは年齢制限なしとします。

(2)　対象のがんの種類

　補助の対象とするがんについては、
　　・特定のがんに制限する（例えば、胃がん、肺がん、大腸がん、乳がん、子宮がん、その他のがん）

・すべてのがんを対象とする

の2つがあります。

(3)　補助の内容

補助の内容を具体的に決めます。

(4)　補助金支給の手続き

補助金は、社員の申請を受けて支給することとします。

様式例　がん検診の補助金申請書

○○年○月○日

取締役社長殿

○○部○○課○○○○

がん検診費補助金申請書

受診月日	
受診医療機関	
受診内容	
受診料	
補助金申請額	
その他	

以上

（注）領収書を添付すること。

▶▶▶ 3　モデル規程

がん検診費補助制度実施要領

○○年○月○日作成

1　制度の趣旨

　がんの検診に要する費用の一部を補助することにより、社員が定期的にがん検診を受けることを促し健康の維持を図る。

2　対象社員

　40歳以上の全社員。ただし、乳がん、子宮がんは年齢制限なし。

3　対象のがんの種類

　胃がん、肺がん、大腸がん、乳がん、子宮がん、その他のがん

4　補助の内容

　がんの種類を問わず、検診費の○％を補助する。ただし、1人当たり年間○万円を上限とする。

5　補助金支給の手続き

　補助金の支給を希望する者は、会社宛てに申請書を提出する。申請書には、医療機関の領収書を添付しなければならない。

6　補助金の締切日・支給日

　毎月末日締め切り、翌月25日払い

以上

第5節
メンタルヘルスと
ストレスチェック制度

 ## 1　制度の趣旨

(1)　仕事とストレス

　会社で仕事をしていると、多かれ少なかれストレスが生じます。会社で働いていて、ストレスをまったく感じないという人はいないでしょう。

　仕事の難しさから生じるストレスもあれば、仕事の忙しさから発生するストレスもあります。消費者との接触によって生じるストレスもあります。さらに、職場の人間関係にストレスを感じている社員も少なくありません。

　ストレスが嵩じると、心の病に陥ります。

(2)　労働安全衛生法の定め

　心の病に陥らないためには、定期的にストレスの程度を検査し、「ストレスが高い」と診断されるときは、業務内容の見直し、時間外労働の削減などの措置を講じることが必要です。

　労働安全衛生法は、「事業者は、労働者に対し、医師等による心理的な負担の程度を把握するための検査を行わなければならない」と定

257

めています（第66条の10）。なお、この規定は、労働者50人以上の事業場に適用されます。

 ## 2　制度の内容

(1)　実施の方法

　ストレスチェックの方法には、

・法律で定められていることをすべて社内で行う
・一部を外部の専門機関に委託する
・すべて外部の専門機関に委託する

の３つがあります。

　どのような方法で実施するかを決めます。外部の専門機関に委託するときは、委託する業務の範囲を定めます。

(2)　評価結果の通知

　チェック内容の評価の結果を社員各人に通知します。

　社員への通知に際し、面接指導が必要であると判定された者に対しては、面接指導の対象者であることを伝え、面接指導を受けるよう勧奨します。

(3)　会社産業医による高ストレス社員の面接指導

　医師の面接指導が必要であると判定された者が会社に申し出た場合には、会社の産業医による面接指導を行います。

(4)　就業上の措置

　産業医から「就業上の措置が必要である」と診断された者について、ストレスを軽減するために、次のうち１つ、または２つ以上の措

置を講じます。

図表　ストレスの軽減措置

・所定労働時間の短縮
・時間外労働の制限
・労働負荷の制限
・他の作業への転換
・その他

 3　モデル規程

ストレスチェック規程

（総則）

第1条　この規程は、ストレスチェック（働く者の心理的な負担の程度を把握するための検査）について定める。

2　ストレスチェックについて、この規程に定めのない事項は、労働安全衛生法の定めるところによる。

（ストレスチェックの実施）

第2条　会社は、労働安全衛生法の定めるところにより、毎年1回、ストレスチェックを実施する。

（実施体制）

第3条　ストレスチェックは、一部を外部の専門機関に委託して実施する。

（ストレスチェックの対象者）

第4条　ストレスチェックは、すべての社員を対象として行う。ただし、次の者は除くものとする。

(1)　雇用契約が1年未満の者

(2)　1週間の労働時間が通常の4分の3未満の者

（ストレスチェックの受検）

第5条　社員は、健康管理のため、ストレスチェックを受けるようにしなければならない。

（ストレスチェックの実施方法）

第6条　ストレスチェックは、「職業性ストレス簡易調査票」（57項目）によって行う。

（ストレスの評価）

第7条　委託先の医師は、「職業性ストレス簡易調査票」への記入結果をもとに社員各人のストレスの程度を評価するとともに、医師による面接の要否を判定する。

（評価結果の通知）

第8条　委託先の医師は、評価の結果を社員各人に通知する。

2　社員への通知に際し、面接指導が必要であると判定した者に対しては、面接指導の対象者であることを伝え、面接指導を受けるよう勧奨する。

（会社産業医による高ストレス社員の面接指導）

第9条　評価の結果、医師の面接指導が必要であると判定された者が会社に申し出た場合には、会社の産業医による面接指導を行う。面接指導の申出の窓口は、会社保健師とする。

（産業医への情報提供）

第10条　会社は、適切な面接指導が行われるよう、産業医に対して、面接指導対象者に係る次の情報を提供する。

　(1)　所定労働時間、時間外労働時間数

　(2)　業務の内容

　(3)　その他、その社員の勤務の状況および職場環境に関すること

（産業医からの意見聴取）

第11条　会社は、産業医による面接指導が行われた場合には、産業医から次の事項を聴取する。

　(1)　面接指導対象者の氏名

 (2)　面接指導の日時

 (3)　就業上の措置の要否

 (4)　就業上の措置が必要であると診断されたときは、その内容

 (5)　その他必要事項

（就業上の措置）

第12条　会社は、産業医から就業上の措置が必要であると診断された者について、その心理的な負担を軽減するために、次のうち1つ、または2つ以上の措置を講じる。

 (1)　所定労働時間の短縮

 (2)　時間外労働の制限

 (3)　休日労働の制限

 (4)　労働負荷の制限

 (5)　他の作業への転換

 (6)　作業場所の変更

 (7)　休職

 (8)　その他

2　就業上の措置の決定に当たっては、あらかじめ本人の意見を聴き、了解が得られるように努める。

（組織分析・職場環境の改善）

第13条　会社は、委託先から、部ごとの分析の結果を踏まえ、部の社員の心理的な負担を軽減するための措置を講じることが必要であると勧告されたときは、その部について、次のうち1つ、または2つ以上の措置を講じる。

 (1)　業務内容の見直し

 (2)　業務の進め方の改善

 (3)　業務目標の見直し

 (4)　時間外労働の制限

 (5)　その他

（個人情報の漏洩の禁止）

第14条　ストレスチェックの実施に関与する者は、業務を通じて知り得た、
　　個人のストレスチェックの結果その他の個人情報を、正当な理由なく他に
　　漏洩してはならない。

（労働基準監督署への報告）

第15条　会社は、面接指導が終了したときは、ストレスチェックおよび面接
　　指導の実施状況を所定の様式により労働基準監督署に報告する。

（付則）

この規程は、○○年○○月○○日から施行する。

第9章

感染防止・パンデミック対策

第1節

新型コロナ感染防止
セルフチェック制度

 1　制度の趣旨

(1)　感染の会社業務への影響

　2020年1月から新型コロナウイルスの感染が拡大し、社員が新型コロナに感染すると、その周囲にいた社員も濃厚接触者と判定され、自宅待機を求められたため、業務に大きな影響が生じました。管理的または専門的な業務を担当している社員の場合には、適切な代替社員がいないために、業務への影響が想定以上に大きくなることがありました。

　新型コロナの感染を防止するためには、社員一人ひとりがマスクの着用、手（指）の消毒、大きな声での会話の自粛、いわゆる3密の回避など、基本的対策を確実に行うことが必要です。ビルの入り口に消毒液のボトルを置いたからとか、あるいは会議室のテーブルの中央にアクリル板（あるいは、ビニールシート）を張ったからといって、職場の新型コロナの感染を完全に防げるものではありません。

(2)　感染防止セルフチェック制度の趣旨

　「感染防止セルフチェック制度」は、マスクの着用その他の感染防止対策を日常的に講じているかを社員自身にチェックさせるというも

のです。感染防止の意識の向上、感染防止対策の徹底などの効果が期待できます。

 ## 2　制度の設計

(1)　対象者の範囲

　セルフチェック制度は、すべての社員を対象として実施するのがよいでしょう。

(2)　セルフチェックの項目

　セルフチェックの項目は、感染防止の基本的対策の行動に関するものとします。

図表　セルフチェックの項目

・マスクを着用しているか ・手（指）の消毒に努めているか ・他の社員と一定の間隔を置くようにしているか ・大きな声での会話を自粛しているか ・大勢での飲食店の利用を自粛しているか ・感染防止対策認証の飲食店を利用しているか ・その他

(3)　セルフチェックの方法

　セルフチェックは、統一的・効率的に行うことが必要です。このため、所定のチェックシートを用意し、そのチェックシートを社員一人ひとりに手渡す（あるいは、メールで配信する）という方法で行うのがよいでしょう。

　セルフチェックシートのモデルを示すと、以下のとおりです。

⑷　**実施の頻度**

　セルフチェックは、1、2ヶ月に1回程度の頻度で実施するのがよいでしょう。

＜感染防止セルフチェックシート（新型コロナの感染予防対応）＞
その1　アンケート形式のもの
　　　　　　　　感染症防止セルフチェックシート
　〜新型コロナ感染症の感染を予防するための日ごろの行動をチェックして下さい〜
Q1　マスクを着用して通勤していますか。
　　　1　必ず着用している
　　　2　着用しないことがある
　　　3　着用していない

Q2　出勤したときは、入り口で手（指）を消毒していますか。
　　　1　必ず消毒している
　　　2　消毒しないことがある
　　　3　消毒していない

Q3　職場ではマスクを着用していますか。
　　　1　必ず着用している
　　　2　着用しないことがある
　　　3　着用していない

Q4　職場では、他の社員と間隔を取るようにしていますか。
　　　1　必ず間隔を取っている

2　間隔を取らないことがある

3　間隔を取っていない

Q5　職場では、大声を出さないようにしていますか。

1　出さないようにしている

2　出すことがある

3　出すことが多い

Q6　職場では、換気に努めていますか。

1　換気に努めている

2　換気しないことがある

3　換気しないことが多い

Q7　職場の同僚などと大勢で飲食店に行かないようにしていますか。

1　必ずそのようにしている

2　大勢で行くことがある

3　大勢で行くことが多い

Q8　感染防止の認証を受けている飲食店を利用するようにしていますか。

1　必ずそうしている

2　認証を受けていない店を利用することがある

3　認証を受けていない店を利用することが多い

Q9　職場以外でも、感染防止に努めていますか。

1　努めている

2　あまり努めていない

3　努めていない

Q10　世間の新型コロナの感染情報に注意を払っていますか。

　　　1　注意を払っている

　　　2　あまり注意を払っていない

　　　3　注意を払っていない

以上

その2　項目選択方式のもの

感染症防止セルフチェックシート

　～新型コロナウィルス感染症の感染を予防するために日々実施している項目をチェックして下さい～

1　マスクを着用して通勤している

2　出勤したときは、入り口で手（指）を消毒している

3　職場ではマスクを着用している

4　職場では、他の社員と間隔を取るようにしている

5　職場では、大声を出さないようにしている

6　職場では、換気に努めている

7　職場の同僚などと大勢で飲食店に行かないようにしている

8　感染防止の認証を受けている飲食店を利用するようにしている

9　職場以外でも、感染防止に努めている

10　世間の新型コロナの感染情報に注意を払っている

以上

その3　実施要領

コロナ感染防止対策のセルフチェック制度実施要領

1　セルフチェックの趣旨

　セルフチェックは、次の目的で実施する。

　(1)　感染防止対策の必要性の認識を高めること

⑵　感染防止対策を日常的・習慣的に講じることを促すこと

2　対象者

全社員

3　セルフチェックの主な項目

⑴　出勤時の手の消毒

⑵　勤務時間中のマスクの着用

⑶　他の社員との間隔

⑷　職場の換気

⑸　飲食店の利用行動

⑹　その他

4　セルフチェックの方法

所定のセルフチェックシートによる

5　セルフチェックの頻度

1ヶ月に1度実施する

（付則）

この実施要領は、○○年○月○日から適用する。

第2節

パンデミック時の
勤務制度

 1　制度の趣旨

(1)　感染の発生と業績

　職場において新型コロナの感染者が出ると、本人が出社できなくなるのみならず、その周囲の者も濃厚接触者と判定され、一定期間自宅待機を求められるなど、業務に著しい支障が生じます。

　職場の人手が少なくなって、業務の処理能力が低下するとともに、取引先から敬遠される可能性があります。感染の発生が業務の繁忙期と重なると、業績に甚大な影響を及ぼします。業績の落ち込みを回復するのは、容易ではありません。

　また、「あの会社の感染防止対策は甘すぎる」「あそこの社員は、コロナの感染防止意識が薄い」というマイナスイメージを持たれる恐れもあります。

(2)　3密回避の勤務体制

　職場における感染を少しでも防ぐには、マスクの着用などの基本対策を講じるとともに、社員の3密を少しでも減らすことが必要でしょう。同じフロアで働く社員の数を少しでも減らすことが求められま

す。このため、テレワークが可能な業務に従事している社員には、本人が希望すればテレワークを認めるのがよいでしょう。

　また、フレックスタイム制が可能な業務を担当している社員については、本人が希望すれば、フレックスタイム制による勤務を容認するのがよいでしょう。

(3)　社員への呼びかけ

　コロナの社会的な感染拡大（パンデミック）に対応してテレワークやフレックスタイム制を認めるときは、社員に対してその利用を呼びかけます。

＜社員への呼びかけ＞

○○年○月○日

　　　　　　　　　　　　　　　　　　　　　　　　取締役社長

社員の皆さんへ

　　　テレワークとフレックスタイム制の容認について（お知らせ）

　皆さんご承知のように、新型コロナの感染者がまた増加しています。
　職場における新型コロナの感染を防止するためには、社員一人ひとりがマスクの着用や手の消毒等に努めると同時に、３密を少しでも回避することが必要です。そこで、会社は、テレワークが可能な業務を担当している社員にはテレワークを認め、フレックスタイム制が可能な業務を担当している社員にはフレックスタイム制勤務を認めることとしました。
　これらの勤務が可能である者は、積極的に利用するよう、お願いします。

　　　　　　　　　　　　　　　　　　　　　　　　　　　　以上

2　制度の内容

(1)　テレワークの容認

①　テレワーク届の提出

　会社では、さまざまな業務が行われています。高度の専門知識を必要とする業務もあれば、繰り返し的な要素の多い定型的・反復的な業務もあります。各人の分担（業務分担）が明確に分かれている業務もあれば、2人以上の社員が共同で行う作業もあります。パソコンを使えば自宅でもできる業務もあれば、自宅ではできない業務も存在します。

　自宅でできる業務については、本人が希望すれば、自宅で行うことを認めます。

　自宅で業務を行うときは、あらかじめその期間を会社に届けるように求めます。

様式例　テレワーク届

○○年○月○日 取締役社長殿 　　　　　　　　　　　　　　　　　　○○部○○課○○○○ 　　　　　　　　　　　テレワーク届 　　　（期間）○月○日（○）〜○月○日（○） 　　　　　　　　　　　　　　　　　　　　　　　　　以上

②　テレワーク社員の氏名の掲出

　誰がテレワークをしているかを示す一覧を作成し、職場に掲出します。

様式例　テレワーク者氏名一覧

テレワーク者氏名		
氏名	テレワーク期間	備考

以上

③　勤務時間の記録

　テレワークをする社員に対して、日々の勤務時間を記録し、これを毎週、あるいは毎月会社に提出することを求めます。

④　勤務時間の算定

　テレワークをした日については、所定勤務時間勤務したものとみなします。

⑵　フレックスタイム制の容認

①　フレックスタイム制勤務届

　フレックスタイム制は、毎日の始業時刻、終業時刻を社員自身に決めさせるという柔軟な勤務時間制度です。一般に、事務、企画（経営企画、商品企画、業務企画）、営業、技術開発、広告宣伝、広報などの業務は、各人の業務分担が独立的に決められているために、フレックスタイム制に適しています。

　フレックスタイム制が可能な業務については、本人が希望すれば、フレックスタイム制によって勤務することを容認します。

　フレックスタイム制によって勤務するときは、あらかじめその期間を届け出るものとします。

様式例　フレックスタイム勤務届

○○年○月○日

取締役社長殿

○○部○○課○○○○

フレックスタイム勤務届

（期間）○月○日（○）～○月○日（○）

以上

②　フレックスタイム制勤務者の氏名の掲出

　誰がフレックスタイム制で勤務するのかが他の社員に分かっていないと、職場の業務に支障が生じる可能性があります。そこで、フレックスタイム制勤務者の一覧を作成し、職場に掲出します。

様式例　フレックスタイム勤務者氏名一覧

フレックスタイム勤務者氏名		
氏名	フレックスタイム勤務期間	備考

以上

③　コアタイムとフレキシブルタイム

　コアタイムとフレキシブルタイムを決めます。

図表　コアタイムとフレキシブルタイム

○コアタイム➡午前10～午後3時
○始業時間帯➡午前8～10時
○終業時間帯➡午後3～8時

④　標準勤務時間等

　標準勤務時間、勤務時間の清算期間および清算期間の所定勤務時間を決めます。

図表　標準勤務時間・勤務時間の清算期間・清算期間の所定勤務時間

○標準勤務時間➡8時間
○勤務時間の清算期間➡1ヶ月
○清算期間の所定勤務時間➡8時間×1ヶ月の所定勤務日数

3　モデル規程

感染症拡大時の勤務規程

第1章　総則

（目的）

第1条　この規程は、感染症拡大時における勤務制度について定める。

（適用対象者）

第2条　この規程は、すべての社員に適用する。

第2章　テレワーク

（テレワーク）

第3条　社員のうち、テレワークが可能な業務に従事する者は、会社に申し出ることにより、テレワークをすることができる。

（テレワークの場所）

第4条　テレワークは、原則として自宅で行うものとする。

2　自宅以外の場所でテレワークをする場合、次の経費は本人負担とする。

　(1)　施設の利用料

　(2)　自宅と施設の往復に要する経費

（勤務時間の算定）

第5条　テレワークをした日は、所定勤務時間勤務したものとみなす。

（時間外・休日勤務）

第6条　時間外勤務および休日勤務については、あらかじめ会社の許可を得なければならない。許可を得ていないものは、時間外勤務または休日勤務としては取り扱わない。

（勤務時間の記録）

第7条　日々の勤務時間を正しく記録し、これを毎週会社に提出しなければならない。

（重要情報の漏洩防止）

第8条　社員は、スマートフォン、パソコン等に記録されている経営上の重要情報が他に漏洩することのないよう十分注意しなければならない。

（業務の報告）

第9条　メール、電話等により、業務の進捗状況および結果を適宜適切に会社に報告しなければならない。

2　業務上のトラブルが生じたときは、直ちに会社に報告し、指示を求めなければならない。

第3章　フレックスタイム勤務

（フレックスタイム勤務）

第10条　テレワークをしない者およびテレワークができない者は、フレックスタイム制によって勤務する。

（勤務時間の清算期間）

第11条　勤務時間の清算期間は、1日～末日の1ヶ月とする。

（コアタイム・フレキシブルタイム）

第12条　コアタイムは、午前10時～午後3時とする。

2　フレキシブルタイムは、次のとおりとする。

　　出勤時間帯　　　午前8時～10時

　　退勤時間帯　　　午後3時～8時

（標準勤務時間）

第13条　標準勤務時間は、8時間とする。

（所定勤務時間数）

第14条　清算期間における所定勤務時間数は、次の算式によって得られる時間とする。

　（所定勤務時間数）　8時間×清算期間における所定勤務日数

第4章　通常勤務

（通常勤務）

第15条　前条までの定めにかかわらず、次に掲げる者は、感染拡大時においても通常勤務とする。

　(1)　課長以上の役職者

　(2)　総務部所属の者

（通常勤務への復帰）

第16条　感染拡大が収束したときは、全員通常勤務に復するものとする。

（付則）

この規程は、○○年○月○日から施行する。

第3節

濃厚接触者・感染者の テレワーク制度

 ## 1　制度の趣旨

　新型コロナウィルスは感染力の強い感染症です。社員がいつ感染するかは、予測できません。テレワークが可能な社員が多くいる会社は、社員が感染者の濃厚接触者であると判定された場合、または感染した場合の取り扱いを定めておくことが望ましいでしょう。

図表　取扱基準作成の趣旨と効果

○作成の趣旨➡社員の誰もが濃厚接触者・感染者になる可能性がある。濃厚接触者・感染者がいつ発生するか予測できない
○作成の効果➡濃厚接触者・感染者が発生したときに、統一的かつ迅速に対応することができる

 ## 2　制度の設計

(1)　濃厚接触者の取り扱い

①　テレワークの義務

　自宅または指定宿泊施設において、通常の業務を通常の勤務時間によって行う義務があることを明確にします。

② 会社への届出

テレワークを行うに当たり、次の事項を会社に届け出るものとします。

　・濃厚接触者と判定された経緯

　・テレワークをする場所

　・テレワークの予定期間（保健所から指示された経過観察期間）

　・その他必要事項

様式例　濃厚接触者のテレワーク届

取締役社長殿	○○年○月○日 ○○部○○課○○○○

テレワーク届

1　濃厚接触者と判定された経緯	
2　テレワークを行う場所	
3　テレワークの予定期間	
備考	

以上

③ 勤務時間の記録

日々の勤務時間を正確に記録し、出勤後に会社に提出することを求めます。

④ 勤務時間の算定

テレワークをした日は、所定勤務時間勤務したものとみなします。

⑤ 通常勤務への復帰と陰性証明書の提出

保健所から指示された健康観察期間が満了して復職するときは、PCR検査を受け、陰性証明書を会社に提出するものとします。

⑵　感染者の取り扱い

①　テレワークの申出

　新型コロナに感染し、無症状または軽症であるときは、会社に次の事項を申し出ることにより、感染症が完治するまでの間、自宅等でテレワークをすることができるものとします

　　・感染症と診断された月日

　　・無症状または軽症であるために勤務できる旨

　　・テレワークをする場所

　　・その他必要事項

様式例　感染者のテレワーク申出書

	○○年○月○日
取締役社長殿	
	○○部○○課○○○○

テレワーク申出書

1　新型コロナ感染の経緯	
2　現在の症状	□症状なし　　□軽微な症状
3　テレワークの場所	□自宅　□保健所指定の宿泊施設
備考	

以上

②　テレワークの勤務時間

　テレワークの勤務時間は、原則として通常勤務と同一とします。

③　深夜・休日勤務の禁止

　感染症であることに配慮し、深夜（午後10時以降）および休日に勤務することを禁止するのが適切でしょう。

④　勤務時間の記録

　日々の勤務時間を正確に記録し、1週ごとに会社に提出することを求めます。

⑤　勤務時間の算定

　テレワークをした日は、所定勤務時間勤務したものとみなします。

⑥　テレワークの中止

　次のいずれかに該当するときは、直ちにテレワークを中止しなければならないものとします。

図表　テレワークの中止の要件

①　医師または看護師からテレワークの中止を指導または命令されたとき
②　症状の悪化を自覚したとき
③　医療機関に入院したとき

⑦　通常勤務への復帰と診断書の提出

　感染症が完治したときは、テレワークを中止し、通常の勤務に復帰するものとします。復帰するときは、医師の診断書を提出しなければならないものとします。

様式例　感染者の復職届

　　　　　　　　　　　　　　　　　　　　　　　　○○年○月○日

取締役社長殿

　　　　　　　　　　　　　　　　　　　　　○○部○○課○○○○

　　　　　　　　　　　　　　復職届

　下記のとおり新型コロナ感染症が完治したと診断されたので、復職します。

1　受診した医療機関名	
2　受診月日	○○年○月○日
3　復職日	○○年○月○日
備考	

　　　　　　　　　　　　　　　　　　　　　　　　　　　　以上

3　モデル規程

　　　　　　濃厚接触者・感染者のテレワーク取扱要領

　　　　　　　　　　　　　　　　　　　　　　○○年○月○日作成

1　総則

　この要領は、テレワークができる業務に従事している者が次のいずれかに該当したときの就業の取り扱いを定める。

　(1)　新型コロナ感染症の感染者の濃厚接触者と判定されたとき

　(2)　新型コロナ感染症に感染したが、無症状または軽症であるとき

2　濃厚接触者のテレワーク

　(1)　テレワークの義務

　　自宅または指定宿泊施設において、通常の業務を通常の勤務時間によって行わなければならない。

⑵　届出

テレワークを行うに当たり、次の事項を会社に届け出るものとする。

①　濃厚接触者と判定された経緯

②　テレワークをする場所

③　テレワークの予定期間（保健所から指示された経過観察期間）

④　その他必要事項

⑶　深夜業務等の許可

深夜（午後10時以降）または休日に勤務するときは、あらかじめ会社に届け出て許可を得なければならない。

⑷　業務の報告

業務の進捗状況をメール、電話等により適宜適切に会社に報告しなければならない。

⑸　勤務時間の記録

日々の勤務時間を正確に記録し、出勤後に会社に提出しなければならない。

⑹　勤務時間の算定

テレワークをした日は、所定勤務時間勤務したものとみなす。

⑺　通常勤務への復帰と陰性証明書の提出

保健所から指示された健康観察期間が満了して復職するときは、PCR検査を受け、陰性証明書を会社に提出しなければならない。

3　感染者のテレワーク

⑴　テレワークの申出

新型コロナに感染し、無症状または軽症であるときは、会社に次の事項を申し出ることにより、感染症が完治するまでの間、自宅等でテレワークをすることができる。

①　感染症と診断された月日

②　無症状または軽症であるために勤務できる旨

③　テレワークをする場所

④　その他必要事項

(2)　テレワークの勤務時間

テレワークの勤務時間は、原則として通常勤務と同一とする。

(3)　深夜勤務等の禁止

深夜（午後10時以降）および休日に勤務することは禁止する。

(4)　業務の報告

業務の進捗状況をメール、電話等により適宜適切に会社に報告しなければならない。

(5)　勤務時間の記録

日々の勤務時間を正確に記録し、1週間ごとに会社に提出しなければならない。

(6)　勤務時間の算定

テレワークをした日は、所定勤務時間勤務したものとみなす。

(7)　テレワークの中止

次のいずれかに該当するときは、直ちにテレワークを中止しなければならない。

①　医師または看護師からテレワークの中止を指導または命令されたとき

②　症状の悪化を自覚したとき

③　医療機関に入院したとき

(8)　通常勤務への復帰と診断書の提出

感染症が完治したときは、テレワークを中止し、通常の勤務に復帰する。復帰するときは、医師の診断書を提出しなければならない。

以上

第4節

パンデミック時の一時休業制度

1　一時休業の趣旨

(1)　コロナ禍と雇用調整

　新型コロナの感染が長期化しています。ワクチンが多くの人に数回にわたって接種されているにもかかわらず、いまだに（2022年春の時点で）完全に収束する見通しは立っていません。

　コロナ禍の下では、不要不急の外出の自粛、各種イベントの中止、飲食店の営業時間の短縮などにより、消費支出が抑制されます。その影響で、商品の需要が落ち込み、経済活動が停滞します。この結果、業績不振に陥る会社が増えます。

　商品の販売が減少・低迷すると、雇用（人員）が過剰となります。雇用が過剰となったときは、その程度に応じて迅速に雇用調整を行うことが必要です。雇用調整のタイミングが遅れると、在庫はさらに増加し、過剰雇用の状況もさらに深刻となります。

　雇用調整には、図表に示すようにさまざまな方法があります。

図表　雇用調整の方法

- ・時間外労働、休日労働の抑制
- ・非正規社員（パートタイマー、契約社員、嘱託）の採用の抑制・停止
- ・非正社員の雇用更新の停止（雇止め）
- ・定年退職者の再雇用の停止
- ・新規採用の抑制・停止
- ・中途採用の抑制・停止
- ・一時休業
- ・子会社、関連会社への出向・転籍
- ・希望退職の募集
- ・退職勧奨
- ・整理解雇

(2)　一時休業の利点

　雇用調整の代表的な方法は一時休業です。会社全体、あるいは特定部門（生産部門）の業務を一時的・臨時的に休業とするというものです。

　一時休業は、雇用を維持しつつ在庫調整・生産調整を行えるというメリットがあります。このため、雇用調整の方法として広く採用されています。また、政府も、一時休業に必要な休業手当の一部を「雇用調整助成金」として補助する制度を実施しています。

図表　一時休業の利点

①	過剰となった在庫を減らすことができる（在庫調整）
②	国から雇用調整助成金が支給される
③	退職・解雇を伴わないので、社員や労働組合の理解を得やすい
④	社員・労働組合に危機意識を持たせることができる

2　一時休業の実施ポイント

(1)　休業の対象部門

　一時休業の大きな目的は、「販売不振で過剰となった在庫の調整」です。過剰な在庫は、経営に大きな負担です。少しでも在庫を減らす必要があります。このため、生産部門、現業部門を対象として実施するのが現実的でしょう。ただこの場合においても、非常事態に備えるという観点から、役職者および機械設備の保守点検の担当者は除外するのがよいでしょう。

(2)　休業の規模（人員・日数）

　休業の規模を決めます。すなわち、何人休業させるか、何日間休業させるかを決定します。

図表　休業規模の決定基準

・市中の在庫はどの程度か
・社内の在庫はどの程度か
・１日平均の販売量はどの程度か
・在庫の量は、一日の販売数量に換算して何日分か
・１日の生産量（生産能力）はどの程度か
・その他

(3)　休業の方法

　休業については、
　　・一定期間連続して休業する
　　・分散して休業する
の２つがあります。

　当然のことではありますが、休業期間を長くすればするほど、過剰在庫の解消には効果的です。しかし、その分だけ社員に不安感を与えます。また、休業に伴って給与収入が減少するので生活が不安定となります。

図表　休業の方法

方法	例
連続方式	9月1日〜5日（5日間）
分散方式	9月1日、8日、15日、22日、29日

⑷　休業手当の支払い

①　労働基準法の定め

　休業中、「会社の仕事をしていないから」という理由で給与が支払われないと、社員は生活していくことができません。また、休業は、会社の都合で行われるもので、社員の個人的な都合で行われるものではありません。休業と欠勤とは、性格が全く異なります。

　このため、労働基準法は「使用者の責に帰すべき事由で休業する場合には、労働者に平均賃金の60％以上の手当を支払わなければならない」と定めています（第26条）。

　社員に対して休業を命令したときは、休業1日につき平均賃金の60％に相当すえ休業手当を支払うことが必要です。

図表　労働基準法違反の事例

・「コロナ禍によって休業に追い込まれたのは、国の責任であって、経営者の責任ではない」といって、休業手当を支払わない。
・「業績がきわめて悪いから」といって、休業手当の額を平均賃金の50％とする。
・配偶者がいる女性社員に対しては、休業手当はいっさい支払わない。
・定年後再雇用されている高齢者には、「嘱託社員だから」といって、休業手当を支払わない。
・５日間休業したにも関わらず、「経営が苦しいから」という理由で３日分の休業手当しか支払わない。
・勤続１年未満の社員に対して、「まだ仕事を覚えていないから」という理由で休業手当を支払わない。

② 　平均賃金の算出方式

　休業手当は、平均賃金の60％と定められています。「平均賃金」とは、過去３ヶ月間に支払われた賃金の総額を、その３ヶ月間の総日数（91日程度）で割って得られる額をいいます。

図表　平均賃金の算定

① 　平均賃金＝過去３ヶ月間に支払われた給与の総額÷３ヶ月の総日数
② 　「給与の総額」は、文字通り給与の総額をいう。基本給はもちろんのこと、諸手当（家族手当、住宅手当、役付手当その他）も含まれる。
③ 　通勤手当、時間外勤務手当、休日勤務手当も、給与の総額に含まれる。
④ 　賞与は、給与の総額には含まれない。

③　平均賃金と休業手当の計算書

　平均賃金と休業手当の計算書を示すと、次のとおりです。

　なお、休業手当は、「平均賃金の60％以上」であればよく、「必ず平均賃金を使って計算しなければならない」というわけではありません。所定内給与を基準として計算しても、なんら問題はありません。

様式例　平均賃金と休業手当の計算書
○その１（給与総額の計算）

給与総額の計算書							
所属部課				氏名			

	基本給	諸手当	時間外勤務手当	休日勤務手当	通勤手当	計	備考
○○年○月							
○○年○月							
○○年○月							

○その２（平均賃金と休業手当の計算）

休業手当計算書

氏名	○月給与総額	○月給与総額	○月給与総額	計（A）	3ヶ月総日数（B）	平均賃金（A÷B）	休業手当（平均賃金×0.6）	備考

④　休業手当の決め方

　休業手当の決め方には、実務的に、図表に示すように３つの方法があります。

図表　休業手当の決め方

決め方	例
休業日数にかかわらず同一	日数にかかわらず、平均賃金の60％
一定日数以降、増額	５日までは、平均賃金の60％、６日以降は70％
一定日数以降、減額	３日までは、平均賃金の75％、４日以降は60％

⑤　時間単位・半日単位の休業の場合の休業手当

　休業については、理論的には、

　・時間単位での休業（例えば、始業時から２時間の休業）

　・半日単位での休業（例えば、午後のみの休業）

も考えられます。

　時間単位・半日単位の休業の場合の休業手当の取り扱いについて、厚生労働省では、次のような通達を出しています。

　「１日の所定労働時間の一部のみ使用者の責に帰すべき事由による休業がなされた場合にも、その日について平均賃金の百分の六十に相当する金額を支払わなければならない」（昭和27.8.7、基収第3445号）

　時間単位または半日単位で休業し、休業した時間分だけ給与をカットし、１日分の休業手当を支払うと、結果的に会社の持ち出し分が給与のカット分を上回ってしまい、不合理です。

　このため、休業は１日単位で行うのがよいでしょう。

⑸　給与のカット

　休業に対しては、給与を支払わないものとします。休業1日につき、給与の1日分（所定内給与÷1ヶ月の所定勤務日数）をカットします。

　所定内給与（基本給＋諸手当）が30万円、所定勤務日数が22日の場合、次のように取り扱います。

（給与のカット）300,000÷22＝13,636円

様式例　給与控除の計算書

休業に伴う給与控除の計算書						
氏名	所定内給与（基本給＋諸手当）（A）	1ヶ月所定勤務日数（B）	給与日額（C＝A÷B）	休業日数（D）	控除額（C×D）	備考

⑹　社員への休業命令

　社員に対して休業を命令します。

様式例　社員への休業命令

○○年○月○日

関係社員の皆さんへ

取締役社長

休業命令

　コロナ禍によって生じた過剰在庫の調整のため、次のとおり休業を命令します。

	氏名	休業期間・休業日	備考
○○部			
○○部			
○○部			

　(注)　①　休業日に対しては、休業手当（1日当たり平均賃金の60％）を支給します。

　　　②　休業中は、職場への立ち入りを禁止します。

3　実施要領の作成

　一時休業は、整然と行うことが必要です。このため、実施要領を作成し、経営幹部の間で意思統一を図ります。

一時休業実施要領

1　休業の目的

　コロナ禍に伴う過剰在庫を解消すること。

2　休業の対象部門・対象者

　次の部門に所属する者。ただし、課長以上の役職者および機械設備の保守点検の担当者は除く。

　(1)　生産部門

　(2)　検査部門

　(3)　物流部門

3　休業期間

　〇〇月〇〇日（〇）〜〇〇月〇〇日（〇）

4　休業手当の支払い

　休業1日につき平均賃金の60％を支払う。

5　給与のカット

　休業1日につき、所定内給与の1日分をカットする。

6　休業手当の支払日と給与のカット日

　〇〇月25日に行う。

7　職場への立ち入り禁止

　休業中の社員が職場に立ち入ることを禁止する。

以上

第 **5** 節

パンデミック時の希望退職

 ## 1　希望退職の趣旨

(1)　業績不振に伴う過剰人員の解消

　新型コロナの感染拡大は、経済活動と会社の業績にきわめて大きな影響を与えています。販売不振に陥る会社が多く出ています。

　販売不振・業績不振に陥り雇用が過剰となったときは、一般に一時休業が選択されます。一時休業によって過剰な在庫が解消されるとともに、販売が回復することが理想です。しかし現実には、過剰在庫がさらに増加したり、販売が回復しなかったりすることがあります。

　このような場合には、過剰人員を整理する必要があります。過剰人員を放置しておくと、人件費の負担で業績がさらに悪くなります。

　過剰人員を整理する手段として、希望退職が広く実施されています。退職金を優遇するという条件で退職者を募集します。

(2)　整理解雇と希望退職

　過剰人員の解消という観点からすれば、「整理解雇」が効果的です。しかし、整理解雇は、会社の一方的な意思で社員を社外に出すというものであるため、労働組合との間でトラブルが生じる恐れがありま

す。また、「あの会社の経営はそれほど悪いのか」といって、取引先が離反する可能性もあります。離反しないまでも、支払条件の変更を求めてきます。さらに、整理解雇が新聞やテレビで報道されると、会社の社会的信用が著しく低下します。

　労使間のトラブル（労使紛争）、主要な取引先の離反、会社の社会的信用の低下は、経営再建をさらにいっそう難しくします。

　しかし、希望退職はきわめて穏便な手段であるため、そのような問題が生じる可能性は少ないといえます。

図表　希望退職のメリットと問題点

メリット	問題点
○穏便な雇用調整策であるので、社員・労働組合の理解を得やすい ○労使紛争が生じる可能性は少ない ○整理解雇と異なり、会社の社会的信用やイメージが低下することはない ○希望退職の対象者や人員などを会社が自由に決めることができる	●多額の退職金原資を用意しなければならない ●退職金の優遇が良くないと、退職者が募集人員に達しない

(3)　実施上の留意点

　希望退職は、社員に対して「会社の将来の成長のために、快く身を引いて欲しい」と迫るものです。

　会社にとって、社員は重要な資産です。他社との激しい人材獲得競争に勝って採用し、育成してきた人材に対して退職を迫ることは、会社にとって苦しい選択です。

　社員にとっても、将来を託し、苦楽を共にした先輩・同僚・後輩と別れることは、苦しい選択です。

　会社は、社員の雇用を守るべき責任を負っています。希望退職を実

施するときは、図表に示す事項に十分留意すべきです。

図表　希望退職実施に当たっての留意事項

①　余剰人員の他の部門での受け入れ（配置転換）
②　経費の削減（➡交通費、接待費、事務費、会議費その他）
③　新卒採用の停止または，抑制
④　経営責任の明確化（➡役員数の削減、役員報酬の減額その他）

2　希望退職の実施ポイント

(1)　募集人員

はじめに、募集人員を決めます。募集人員は、

・人員がどれほど過剰か

・退職金をどれだけ用意できるか

を判断して決めます。

　希望退職は、過剰雇用の解消を目的として行われるものです。したがって、本来的には過剰雇用の実態だけを考慮して募集人員を決定すべきでしょう。

　しかし、希望退職では、退職金を優遇するのが一般的です。退職金を優遇しなければ退職を申し出る者が出ないからです。退職の申出が少なければ、過剰雇用は解消されません。このため、退職金の原資の調達可能額を勘案しなければならないのです。

(2)　募集対象者

　募集対象者については、

・全社員を対象とする

・年齢、勤続年数、職種などで一定の条件を付ける

の2つがあります。

　全社員を対象とすると、母集団が大きくなるので、募集人員を早く満たすことができます。しかし、その反面、若い人材、研究・商品開発・営業など経営再建に必要な業務を担当する者が多く退職し、経営再建に支障が生じる可能性があります。

　なお、いずれの場合においても、専門的知識を持っている者、管理力に優れている者、営業や商品開発等で実績のある者など、業務上特に必要とする者は、募集の対象外とするのがよいでしょう。

(3)　募集期間

　誰にとっても「退職」は重要な問題です。親や配偶者に相談しなければ決められない人もいます。再就職先についても、ある程度考えておく必要があります。住宅ローンを抱えている人も少なくないでしょう。

　会社から「退職金を上積みするから退職してくれないか」といわれて、「退職します」と即答できる人は少ないでしょう。

　退職の決断には、一定の期間が必要です。

　一方、会社の立場からすると、業績が不振であるので、2ヶ月、3ヶ月もかけて退職者を募集する時間的な余裕はありません。

　これらの事情を考慮すると、募集期間は2週間程度とするのが適切でしょう。

(4)　退職日

　退職日の取り扱いについては、
　　・会社の方で指定する（一定の日に全員を退職させる）
　　・社員自身に決めさせる
などがあります。

　社員自身に退職日を決めさせると、毎日のように退職者が出て、職場は落ち着きません。このため、募集期間最終日の1〜2週後を統一

退職日とするのが現実的でしょう。

(5)　退職金の優遇

①　優遇の方法

　応募者が募集人員に達するかどうかは、退職金の優遇条件によって大きく左右されます。退職金に魅力がなければ、応募者は少ないでしょう。逆に優遇を良くすると、会社の資金負担が重くなり、再建に支障を及ぼします。

　退職金の決め方には、主として、図表に示すようなものがあります。

図表　退職金の優遇方法

優遇方法	例
会社都合退職の支給率を適用する	
定年まで勤続したものとみなし、定年時の支給率を適用する	
一定額を加算支給する	○一律加算 　500万円加算する ○年齢区分方式 　45〜49歳　　　800万円加算 　50〜54歳　　　600万円加算 　55歳〜　　　　400万円加算
給与の一定月数分を加算支給する	45〜49歳　　24ヶ月分加算 50〜54歳　　12ヶ月分加算 55歳〜　　　 6ヶ月分加算
所定退職金の一定割合を加算する	○一律加算 　退職金の50％加算 ○年齢別加算 　45〜49歳　　　50％割増 　50〜54歳　　　40％割増 　55歳〜　　　　30％割増

② 退職金総額の試算

　会社は、退職金を事前に用意し、退職日に必ず支払う必要があります。このため、退職金総額がどれくらいになるかをあらかじめ試算しておく必要があります。

様式例　優遇内容別・募集人員別の退職金総額の試算

	○○人募集の場合	○○人募集の場合	○○人募集の場合
退職金の30％加算の場合			
退職金の40％加算の場合			
退職金の50％加算の場合			

⑹　社員への発表と個別面談

① 社員への発表

　希望退職の内容を決定したときは、速やかに社員に発表し、退職希望を受け付けます。

＜希望退職の社内通知例＞

○○年○○月○○日

社員の皆さんへ

取締役社長

　　　　　希望退職の実施について（お知らせ）

　新型コロナウィルスの感染拡大により販売不振となり、経営はきわ

めて苦しい状態に陥っています。この苦境に対応するため、誠に残念ではありますが、次のとおり希望退職を実施することとします。皆さんのご理解とご協力を求めます。

記

1　希望退職の募集人員

　　○○人

2　募集の対象者

　　45歳以上の者。ただし、業務上特に必要と認める者は除く。

3　募集期間

　　○○月○○日（○）〜○○月○○日（○）

4　退職日

　　○○月末日

5　退職金の割り増し

　　退職時の年齢に応じて、退職金を次のとおり割増支給します。

　　　　45〜49歳　　　50％割増

　　　　50〜54歳　　　40％割増

　　　　55歳〜　　　　30％割増

6　退職届の提出

　　退職を希望する者は、所属長を通じて退職届を提出してください。

7　その他

　　募集期間の途中で募集人員に達したときは、その時点で募集を中止します。

以上

② 　退職申出の受け付け

　　退職の申出を受け付けます。

様式例　退職届

```
　　　　　　　　　　　　　　　　　　　　　○○年○○月○○日

　取締役社長殿
　　　　　　　　　　　　　　　　　　　○○部○○課○○○○

　　　　　　　　　　　　　退職届

　希望退職により、○○年○○月○○日をもって退職します。

　　　　　　　　　　　　　　　　　　　　　　　　　　　以上
```

③　個別面談の実施

　会社は、希望退職の趣旨と内容を社員に対して周知徹底することが必要です。希望退職を知らせる文章だけでは、会社の真情が社員に伝わらない可能性があります。このため、役職者が希望退職の対象者と個別に面談し、会社の経営事情を説明したうえで、希望退職の内容を伝えます。そして、希望退職への協力を求めます。

　なお、個別面談において退職を強く求めるのは避けなければなりません。

④　退職申出者の報告

　人事部長は、希望退職者の受け付けを開始したときは、毎日、社長に応募状況を報告します。

様式例　退職申出の状況報告

退職届の提出について（報告）				
月日	退職申出者数	申出者累計	目標達成率	備考

⑺　退職金の支払い

　希望退職を申し出た社員は、誰もが1日も早く退職金が支払われることを希望しています。

　退職日以降できる限り早く退職金を支払います。

様式例　退職金支払通知書

	○○年○月○日
○○部○○課○○○○様	
	取締役社長

退職金支払通知書

退職金	
割増退職金	
計	
所得税控除	
差引支払額	
支払日	
備考	

以上

⑻　募集人員に達したとき・達しなかったとき

① 募集人員に達したとき

　会社の立場からすると、募集期間中に退職の申出が募集人員に達するのが理想です。

　募集人員に達したときの対応には、

　・その時点で募集を打ち切る

　・最終日まで募集を続け、退職希望者全員を退職させる

の2つがあります。

　募集を中止するときは、社員にその旨を通知します。

＜希望退職中止の社内通知＞

　　　　　　　　　　　　　　　　○○年○○月○○日

社員の皆さんへ

　　　　　　　　　　　　　　　　　　取締役社長

　　　　　希望退職の中止について（お知らせ）

　コロナ禍に対応し○○月○○日から希望退職を実施してきました
が、このほど募集人員に達しました。このため、○○月○○日をもっ
て希望退職を中止します。皆さんのご協力に感謝します。

　なお、引き続き販売と業績の回復について、皆さんのご協力をお願
いします。

　　　　　　　　　　　　　　　　　　　　　　　以上

② 　募集人員に達しなかったとき

　応募者が少なく募集人員に達しなかったときは、引き続き二次募集
を行うのがよいでしょう。

　なお、二次募集において退職金の優遇条件を引き上げるのは避ける
べきです。一次募集に応じた者とのバランスが取れなくなるからで
す。さらに「二次募集でも予定人員に達しなかったら、また退職金を
割り増すであろう」という期待感を持たせるからです。

図表　応募者が募集人員に達したとき・達しなかったときの対応

○募集期間の途中で募集人員に達したとき 　➡次のいずれかを選択する。①募集を中止する 　　②最終日まで募集を継続し、応募者全員を退職させる
●最終日になっても募集人員に達しなかったとき 　➡次のいずれかを選択する。①二次募集をする 　　②募集を中止する

3　実施要領の作成とモデル

　希望退職を行うときは、その具体的な内容を「実施要領」として取りまとめ、関係者の意思統一を図ることが必要です。

　実施要領のモデルを示すと、次のとおりです。

希望退職実施要領

1　実施の目的

　コロナ禍による販売不振で生じた業績の低迷に対応すること

2　希望退職の募集人員

　○○人

3　募集の対象者

　45歳以上の者。ただし、業務上特に必要とする者を除く。

4　募集期間

　○○月○○日（○）〜○○月○○日（○）

5　退職日

　○○月末日

6　退職金の割り増し

　退職時の年齢に応じて、退職金を次のとおり割増支給する。

　　　45〜49歳　　　50％割増

　　　50〜54歳　　　40％割増

　　　55歳〜　　　　30％割増

7　その他

　募集期間の途中で募集人員に達したときは、その時点で募集を中止する。

以上

【著者紹介】

荻原　勝（おぎはら　まさる）
東京大学経済学部卒業。人材開発研究会代表。経営コンサルタント

〔著書〕
『コロナ禍の社内規程と様式』、『残業時間削減の進め方と労働時間管理』、『就業規則・給与規程の決め方・運用の仕方』、『働き方改革関連法への実務対応と規程例』、『人事考課制度の決め方・運用の仕方』、『人事諸規程のつくり方』、『実務に役立つ育児・介護規程のつくり方』、『人件費の決め方・運用の仕方』、『賞与の決め方・運用の仕方』、『諸手当の決め方・運用の仕方』、『多様化する給与制度実例集』、『給与・賞与・退職金規程』、『役員・執行役員の報酬・賞与・退職金』、『新卒・中途採用規程とつくり方』、『失敗しない！新卒採用実務マニュアル』、『節電対策規程とつくり方』、『法令違反防止の内部統制規程とつくり方』、『経営管理規程とつくり方』、『経営危機対策人事規程マニュアル』、『ビジネストラブル対策規程マニュアル』、『社内諸規程のつくり方』、『執行役員規程と作り方』、『執行役員制度の設計と運用』、『個人情報管理規程と作り方』、『役員報酬・賞与・退職慰労金』、『取締役・監査役・会計参与規程のつくり方』、『人事考課表・自己評価表とつくり方』、『出向・転籍・派遣規程とつくり方』、『IT時代の就業規則の作り方』、『福利厚生規程・様式とつくり方』、『すぐ使える育児・介護規程のつくり方』（以上、経営書院）など多数。

選択型人事制度の設計と社内規程

2022年8月8日　第1版　第1刷発行　　　　定価はカバーに表
示してあります。

著　者　荻原　　勝

発行者　平　　盛之

発行所　㈱産労総合研究所

出版部　経営書院

〒100-0014
東京都千代田区永田町1―11―1　三宅坂ビル
電話03-5860-9799
https://www.e-sanro.net

落丁・乱丁本はお取り替えいたします。　　　印刷・製本　中和印刷株式会社
本書の一部または全部を著作権法で定める範囲を超えて，無断で複写，複製，転載する
こと，および磁気媒体等に入力することを禁じます。

ISBN978-4-86326-328-4